成為自己的光

為雨安居新著書耑　桀庵彭斯

成为自己的光

吕波 著

人民东方出版传媒
東方出版社

序 一

武夷山本就是个潮湿的地方，去年连下了几个月的雨，连当地人都说从未有过，刚从北京搬过去的吕波碰上这样的天气，不知道怎么样了。说起来这些朋友去武夷山还是我发起的，当时他在场，听了也没说什么，没想到几个月后他最先在武夷山定居。他在北京也有不少年了吧，有多少人说要离开北京，说了多少年也没走，其中包括我。

一处稍加修缮的民房就是吕波的住处，三面茶山，极小的山坳，其间仅容一屋，地卑低湿，一天中能见到太阳的时间不多。门前的路不好，车开进去得要他来架块木板，不然会顶到底盘。车轧着碎石歪歪斜斜地往里开，见屋旁只有松和竹，有些恍惚，就像是他种的，农家竟也有这样的手笔。满院子的佛像，散落在阶下石上，他开了个微店，主要是流通法物。

在茶室落座，他开始泡茶，没有抱怨雨，照例不主动找话题，只说茶好，意思是让我喝。他是为数不多见了不用找话说的朋友，见这么多回，真想不起来聊过什么，只是喝茶，琴也在旁边。

我是话多的，只有在吕波这里才能得片时的安静。他喜欢茶，好像不怎么聊茶；喜欢杯杯盏盏，亦不聊杯杯盏盏。他在网上讲佛法，我总觉得那只是他的一个谋生工具，因为他也不跟我们聊佛法，喝茶的时候都不聊，喜欢修行的人好像不是这样的。所以我总开他玩笑，见面就来一句："赶紧帮我把烦恼断了。"他若接话，我还有下一句等着，他总不给我机会。

去年我们在上海做一个古琴演奏会，我自然是哪里都是我，忽然有人说一句："吕波真有意思，跟在别人屁股后面，搬搬凳子打打杂，还挺高兴的样子。"他可是很有人气的国学老师，没准就有粉丝在旁边看着他。

主办人李葳说，你们几个真是少见，坐在一起气场特别和，都是真心的欣赏对方。看来我沾光了，她这点印象应该是吕波造成的，我这脾气可没准。

不觉坐到晌午，他说去简单做点吃的。不说话的时间长了，我忍不住要找点玩笑来开开："你这里应该挂幅字。"他问挂什么字。我说："写上'真修之人在民间'。"他笑笑走了，没和我理论。

屋子里空了，山里果然安静。

是为序。

刘希彦

己亥暮春

序二

一

这是一本安心的书，是教我们如何降服这颗心的一本好书！而降服这颗心的无量道路，却悉数藏匿于这一广大的世途。

认识吕波已经有好几年了，他是我特别敬重的朋友，也是特别钦服的修行者。因为吕波是真的以整个生活、整个世界为道场，参究生命的第一妙谛，以开启一种如实慧与平等慧兼备的境界，正如古典时代那些习禅的禅人、禅师一样。

关于“禅”，今人确乎有太多的误解。若浓缩为一句话来讲，则不妨将禅作如是观：禅是宗教，但超越宗教；禅是哲学，但超越哲学；禅是艺术，但又超越了艺术。而其最奇妙之处在于，这种“超越”又不是远走高飞，而是回归于生命与生活的原点，在时间与空间中建构出了此间的安住，复又生起了一颗活泼泼的欢喜心来回应世界，恰似月落天心，天地共辉。吕波在书中如此说道：“能点燃生命的，唯有活生生的生命。佛陀真正的教法，真正的真理是活生生的。”

其实，唯生命与人间生活，才真正超越了世上的种种学问、名相，不假任何教义，直指那蕴藏在我们自性里的真宰。它既色亦空、非树非台；微尘现大千，一蕾参造化，它在品尝着生命自身无限的甘美与醇和。这种生命就是整体性的，源起于存在之永恒的召唤，唤醒了人心最自然的一个面向，故一场雪一场雨，一屋檐一圆窗，一枯木一顽石，一盆苔蒲一丛竹，“智与理冥，境与神会，如人饮水，冷暖自知”（《古尊宿语录》），皆在成就生命的无上禅机。

机，是中国文化里面富含创造精神的那种动态精髓，它意味着离无入有，意味着可能性向现实性转化的中间地带。无论与世界，还是与他人的交往，都是真机上的功夫。当然，就禅的渊源而言，它应当秉有四重根：

一是“执其两端、用中于民”的儒家之入世正因；

二是“各当其分、物畅其性”的道家之性分学理；

三是“智慧明灯、伐苦利斧”的佛家之般若性宗；

四是神妙无双的易学之“知几研几、天人相应”的大自在精神。

唯此四者，才开出了中华学问这种极其精妙的禅艺思想。鹤鸣九皋，声闻于野，后来竟以日本的禅文化而传遍各个文明国家，此殊为时代之变局也。

此一脉心源，与道家的庄子，尤其是郭象之注庄“各知其极，物安其分”之玄理关系尤其密切，属华夏文明不期然而然的意外收成。像东晋诗人陶潜的“形迹凭化往，灵府长独闲”“鼓腹无所思，朝起暮归眠”“此中有真意，欲辩已忘言”等诗句，因有着此一路之影响，故而那时虽无禅宗，却颇具禅意。后与佛学般若一宗相参，构成了奔逸绝尘、又直指人心的禅门智慧。正因禅宗之生成，似乎全然在无所觉察的地方，将彼域的佛教文明转化成了纯正的中国情操。

所以，禅，是中国哲学登峰造极的生命智慧，它的创造性乃是基于心源，应机发生。禅对万物的相对性都有深入的洞见，而且以之为悟入生命实相的门户。禅家曾定义“禅”为——“于南天中体验北斗之艺术”。即想要获致终极真理，就必须融会贯通对立的两极，贯通多元成一味。所以，它是心上的功夫。禅是整体的心灵，在里头可以看得见森罗万象。

然往昔的圣者告知我们，存在的中心虽无处不是，人的中心却唯有一个，那就是自己的内心，森罗万象若不是归之于己心，无非还是假象，故《坛经》云：“时有风吹幡动。一僧曰风动，一僧曰幡动。议论不已。慧能进曰：‘非风动，非幡动，仁者心动。’”

幡动，只见到表象；风动，只明了因果；而心动，则立马跃至世界的本质。禅家何等猛利！其实，从风动至心动之间尚有无数的环节与距离，如气动，如天动，如太阳系动，如宇宙律动，等等，但最后必须归结到心动。所以，慧能是在最短的时间内悟入，并明了心相的参入，才有诸相的起灭。慧能的隔代弟子马祖云："一切法皆是心法，一切名皆是心名，万法皆从心生，心为万法之根本。譬如月影有若干，真月无若干。诸源水有若干，水性无若干。森罗万象有若干，虚空无若干。说道理有若干，无碍慧无若干。种种成立，皆由一心也。"大体如是。

所以，禅的所有转化都是心上的功夫。为了觉照心灵的真实本性。禅不反对一切的借助，故射箭非为射箭，为的是调伏内心，所谓箭术与禅心的圆成。这种指向性，随其影响所及，流风所溉，遍满各个领域，成了种种"矫正内心"的艺术：剑道、插花、舞蹈、茶艺、美术，等等。真正的艺术家们，似乎都不约而同地回到了"内心"，他们的"箭"最终都射向了自己。每个人都是孤轮独照自家生命的行者。禅，就这样把彼种高亢入云的东西，拉回到寻常生命，拉回到了寻常的人间生活，正法眼藏，涅槃妙心，俱不离此间世俗风光。如宋代无门慧开禅师有诗云："春有百花秋有月，夏有凉风冬有雪。若无闲事挂心头，便是人间好时节。"唯恐闲事高挂，灵心蔽锁，一翳在眼，空华乱坠，才跌入杂染深缠、烦恼无尽的人生，致生命一团漆黑。

禅，作为悟入生命真实的实证方式，人们一旦摆落了名相与色空的纠缠，洛可可式的人生方式就归于纯然一禅境，廓然荡豁，直抵灵心。而且，因个体的生命与一切生命之间存有的自然相契与一机相通，这是本来面目。以简驭繁、巧入华藏香海的艺术，便得之于以心驭物的禅门智慧，二元世界就此而翕合为一味之境域，天人平视，生死等观，一片化机，俱存当下，于斯获得了永恒的“存在之同一性”（Self-identity）。

二

而禅人吕波就是这样行来，他熟谙儒、释、道之真精神，各种随时点化的对机，都有经典的依据，并以参悟天地境界的圣贤智慧为归宿，同时，一定证之以自心的深度体察。所以，他既可以在闹市中一壶茶、一把琴、一卷书地在时间中得自在，更可以于此一时代所提供的技术条件下，在各个微信群、视频群、线下群，还有各类不同的社群空间当中展开他的行动，展开与人世的各种联结。尤其是后者之可贵，因为，目前以生活为道场的人太少了，人们都像是在建立各自的避难所，无论是一份职业、一种工作，还是一座山、一条河，皆然，宗教更是如此，一本经书、一座寺庙，都可能成为避开人世真实生活的避难所，而不敢直面人生的某种严峻性。

所谓人生者，无论为道与为学，皆不在一个必然性的执求中可以轻松得了救赎。大多时候的人生，即是诗人的感悟——“种豆南山下，草盛豆苗稀”，再怎么地努力，还不免于失败；再怎么地用功，终不免于功败垂成。再加上各种错误的认同，世界如森林，心意似迷宫，带给我们无穷尽的烦恼与痛苦。然而，所有的问题，如吕波所云：“只有行动，才有看到的可能。只有看到，才有净化的可能。生命的连接，它可以非常非常地深入。”

若是确乎有了智慧，便会看明白摩耶世界的特质，还有生命本身的不完美，甚至残缺的特性。人生，是带着镣铐的舞蹈，这种镣铐已被先天注定，但能不能舞蹈起来、歌唱起来，拥有艺术的精神，端看吾人之本领了，于是，就有了修行的各种道路与法门。

曾记得日本的冈仓天心在其《茶之书》中云：“本质上，茶道是一种对‘残缺’的崇拜，是在我们都明白不可能完美的生命中，为了成就某种可能的完美，所进行的温柔试探。”

故而一个像吕波这样有智慧的人，自然会摒弃那些虚假的完美主义，虚假的佛学与修行，防备陷入停滞与执溺的泥潭；而是借着行动的精神，创造出一种流动的人生，追求一种生命的大自在、大自得的境界，那虽不完美，却是一种圆满的生活。

同样提倡创造性与行动性人生的德国哲学家尼采曾在《作为教育家的叔本华》中说：“世上有一条唯一的道路，除你之外无人能走。它通往何方？不要问，走便是了。”

用吕波的话说，则是：“要知道，有一天，当我们认识了自己，不同的经历，会变成生命不同的特质。不同的经历，会开出不同的花。你不是要开成我，你要开成你自己。每个人都只能开出他自己。”

但是，常人往往太胆小、太怯懦，而无有勇气来行走自己的道路。这些怯懦大体表现在了两个方面：

第一，于世界的一面，他们躲藏在习俗与舆论的背后，不敢越雷池一步。

第二，于心意的一面，他们又躲藏在宗教与神学的背后，托庇于神灵的护佑、眷顾与垂青。

一句话，他们全都是胆怯的，故而成了世界与时代的奴隶，无法成为他们自己。而我们的社会又总是在制造欲望，制造出种种的观念，进而造出了无数的恐惧。有些干脆是出于恶意，为了达成某种目的，还有一些则纯然是无意，因为无知，就有了彼种带有恐惧性质的想象。

记得印度近代的瑜伽圣者斯瓦米·辨喜曾经有一次重要的遭遇。那时他尚在漫游阶段，为了寻觅与印证时代的真理，他翻山越岭，上到冰天雪地的喜马拉雅山，深入幽邃的洞穴，拜访不同的圣地与道院，他还走过西部的克什米尔，走过酷热的大沙漠。

有一次，他漫游到了印度的圣城贝拿勒斯，当他从难近母的庙宇中出来时，一大群喋喋不休的猴子包围着他，似乎要恐吓他。尊者不愿被它们捉住，便开始跑。但猴子在后面一直追。此际，有一名老遁世者在场，注意到了猴子的动静。他便喊道：“站住，面对这些畜生！”年轻的辨喜就停下来，转身看着猴群。马上，它们全都跑开了。许多年之后，辨喜尊者说及此事：“如果你害怕任何东西，永远要转过身来，面对它，别想逃避它。”

这句话几乎就是敲碎恐惧、敲碎懦弱的一记重锤。所以，当尼采说，“在自己的身上克服这个时代”，这里就有了一种大意味。即，人首先必须战胜时代强加的一切，才有可能成为他自己。于是，入世界而得了自在，这才是真自在，而不是在不断地逃避生活，不断地创造避难所以了事的那些佛系凡夫。

就此而论，我们需要知道的是，真正的佛教，必是勇猛而精进的，如佛经云，夫真为道者，“譬如一人与万人战。挂铠出门，意或怯弱，或半路而退，或格斗而死，或得道而还”。

只是，佛教是用无我的方式来解决问题，而吠陀则是用有我的方式来解决同一个问题。究极来看，其实两者乃是同出而异名，如黑格尔所云：“纯粹的有与纯粹的无是一回事！”

三

与禅人吕波结识，却正是因为吠檀多圣者辨喜所带来的因缘。

辨喜有一本极好的书，唤作《行动瑜伽》。此书多年以前曾影响过我的生命，而且是属于骨髓里面的那种，生命有了重新改写的力度，它隐秘而持久。所以，后来我干脆将整部书自英文译成了汉文，在中国著名出版家汪灏先生的帮助之下，于素有威望的商务印书馆问世；其后，还曾于2018年夏季在中国北京召开的“世界哲学家大会”上，被他们列入了专门推荐与参考的哲学书目。

我自己一直认为，《行动瑜伽》一书，乃辨喜于19世纪末叶，孤身云游至西方文明世界的发轫之作，即全球化到来之际，人类精神领域首次出现的一声浩大的时代长啸，其瑜伽作品从此也开创了近代世界的瑜伽之光。

辨喜曾跋涉过东西方文明凝定于内心的高度与深度，吸尽西江水，独坐大雄峰。故而他在欧美世界行脚之际，就极为自信，曾对着西方第一流的知识分子，就像宣布至高的真理一般说道：“我有信息带给你们西方，正如当年佛陀有信息带给东方一样！”

其实，作为一代杰出的印度圣者，辨喜原本是真实的信服吠陀宗教的托钵僧人，他安心恬荡，栖志浮云，漫游在五天竺的群山密林的深处十来年，彻底无意于尘世生涯的种种物质或令名的追求。只是因了风云际会，命运使然，他违背国家禁令，亲涉重洋，抵达了西方文明的核心地带，传播印度最为精深的吠檀多哲学与瑜伽思想。并与无数的西方精英有了正面的切磋与较量，被后者惊为天人，遂获巨大的成功。末后，便造成20世纪波澜壮阔的神秘思想之再度卷起，点燃西方社会持续升温的“东方热”，诱发了一批又一批的西方人不辞倦怠、万里横穿来到印度朝圣。

简言之，其影响之巨，几乎是遍及群侪，印度本土的泰戈尔父子两代人向他致敬，室利·阿罗频多囚在狱中得其启示而终至人生面目的全盘改写，甘地则以未能向他成功朝圣而抱憾终生；同时，作为全球化时代早期的豪杰，他影响了列夫·托尔斯泰、威廉·詹姆斯、麦克思·缪勒、罗曼·罗兰、亨利·柏格森、阿诺德·汤因比等人。所以，他确实是罕见的，一旦领悟了梵学之枢机秘义，一朝敷布，如轮之毂，上下四方无不通达，实发大光芒、立大功业之一代巨子也。

可惜的是，此书虽是世界名著，而自己当年暗中期待的、理当中意此书的人则罕见反应，一般的思想者，如哲学家、宗教人士，他们可能错过了这个书，觉得这是瑜伽（毕竟在中国，瑜伽被以为只是体式的练习），故不想看；而练习瑜伽体式的人，一打开书，又嫌弃这里没有半个体式，于是也一并错过了。所以，这两类本应该最早与此书结缘的朋友，反而错过了它。

而吕波却看到了，并且深知其中的价值，立即有了反应。他曾专门从北京乘飞机而来杭州，带着一位茶艺师朋友，到了中国美术学院与我相会。就这样，我看到一位认真的修行者，为了《行动瑜伽》而来。彼时，我就可以判定，此人绝非此世的庸庸凡辈。

那么，究竟什么是行动瑜伽呢？行动瑜伽的精神，大体是推崇行动与创造，于世上行动时，能够专注而强烈，内心不执而镇定，让事情按达磨法则，即宇宙正义而发生，健行不息，但不要让世界征服你的心意；坚持因上无私，果上不执，并将一切的因果与行动，作为美美的事物，一起祭献给了至高的神明，所以，瑜伽必须是具有灵性意义的。用印度人的话来说，即

“如果你在人世的一切活动中，能够满心欢喜地将自己投入其中，而又不执其结果得失，就是行动瑜伽。反之，如果你在各种活动中，只有努力、只有苦斗，而没有一丝的欢喜，没有心性与世界的联结发生，那只是行动而已，并不是真正的瑜伽。”

四

如今，与吕波相识订交已经几年过去了，而吕波除了人世的行动，又在行动当中成就了如此一本好书，叫作《成为自己的光》，我知道这本书不但是吕波的心性流露，而且可以与此时代众人一起分享。正应了中国古诗人的一句诗：“暗飞萤自照，水宿鸟相呼。”

萤火虫微弱的光，终究是不能照亮整个昏暗的存在的，但足以照亮一己飞翔的道路，并且温暖与清澈了与之相应者的生命，再无疑虑与昏惑。

人在这个世界上，其意义也从来不表现为建构出完美的世界与功业来，而是在这个非圆满的世上建构出圆满的心灵与圆满的

存在。这时候，若是再引用印度人的话来讲，我们不妨来看看克里希纳穆尔提的一句极美妙的格言，他说：“一只站在树上的鸟儿，从来不会害怕树枝断裂，因为它相信的不是树枝，而是它自己的翅膀。”

树枝是会断裂的，世界是不完美的，但生命与世界的辩证法，却恰恰是因为这种“不完美”的存在，才有了令人们非圆满的生命，自此有了趋向于圆满的可能，最终构建出自由的翅膀，飞过这个莽莽世界的无穷森林与心意的迷宫。

是为序。

闻中

乙亥年仲春杭州古墩路

序三

一

在此群，观察着吕师与我们互动，何时何处何境他会出来讲讲辩辩，听着他偶尔的对机专题分享……观吕师一言一行，观自己，觉自己，自己成为自己光；而吕师恰是那个先成为自己光的人，不经意让我们照见自己的光，人生从此不同，亦是闪耀明珠一颗。

——佩宜

二

接触波师的文章以及在国学会学习的几年，就像一个不断剥去伪装，袒露真心，面对和觉知自己的重生之旅。接触心理学、修行也有些年了，看过很多相关的内容。但波师的分享让我感到清晰明了，又兼具美好和生活化。一位好的老师和分享，会指引人不断认识自己，让人成为自己的光，一如书名。作为多年聆听分享和受益的一位学生、朋友，我个人生命巨大的变化已无法用寥寥数语表述。愿有缘遇到这本书的人也能因此生命里有光明遍洒，成为自己的太阳。

——王震中

三

三年前。

离婚。前夫要挟复婚，不给我看孩子。破财。公司股东之间信任崩塌，公司亏本解散，我原本美好的依托顷刻不见。然后，自己脑子就打结了，说通俗点就是抑郁了。每日无所事事，流泪到天明，就是不想起床，老是想着就这样死去就挺好。

某天，想起大冰的书《他们最幸福》，决定起床去问问那些书里的人到底怎么就幸福了，我怎么就不行。书里有一对夫妇住在无音社，他们了解了我的情况，介绍了波师的公众号给我看。我就躺在床上一篇一篇看。

找波师算卦做人生决策，入群，按照波师给的入群建议去拜忏，念《金刚经》，打坐调呼吸。就这样，每日泡在国学群，还参加了波师组织的线下活动。

现在的我居然好好地活着。并且，自我反省后有勇气去为以前做错的事情道歉，有力量去拒绝强加给我的禁锢。与父母关系和睦，见到了孩子，事业也有了起色。还有时间和心情弹古琴，与朋友喝下午茶。原来我也可以幸福。

谢谢国学群，我一直会在，因为我就是我自己的光。

——何香云

四

在我非常非常痛苦，坚决认为自己完全没有选择只能受苦的时候，吕波老师说，任何时候，你都有选择；任何时候，无人缚汝。对比三年前刚入群，我的境况和心态已经发生了巨大变化，也越来越深刻地体会到“无人缚汝”四个字的意义。感恩吕波老师的慈悲、陪伴和加持！

——刘婧

五

大概在四年前，我离婚后，内心压抑，每天大脑里一个小黑人和一个小白人打架，天还没黑我就累得筋疲力尽。那个时候母亲也得了重病，我几乎到了绝望的边缘。

幸亏认识位有缘人教我打坐。渐渐地我想寻一些东西，我想朝着经典的方向，去寻找祖先留下的智慧。直接看经典可以减去很多弯弯，但经典我很多是看不懂的，也不知道自己理解得对不对。

朋友圈有一篇文章，是吕波写的（也要感谢曾经转载波波文章的朋友），我觉得他有我想要的。加入吕波的群，是我人生第一个付费的群。见他的文章应该不到一个月吧，就申请进群了。进群没多久，就收到很多激荡的碰撞。那时的感受就像一条茫茫大河，从河中分出一条路来，坚定了我的方向。

吕波有篇文章，其中写道："给弟子磕头，给猫儿狗儿磕头……"我看过泪直流，心想，好美！随后，发条微信给吕波，说我给你磕头，我真的给他磕头。他也说，我也给你磕头。我知道，他传递给我的，是慈悲。每当我看到他的一些状态，我就会感动，可以从心底流出一些东西，也变得柔软了。

是良师，是益友！老师是我认为的。他并不觉得他是老师，记得有一次，我说我其实在心里认为你是我老师了。他回复说不敢当。其实，说这话时，我有私心的，因为想学古琴，想和他套关系，他直接甩开，好牛。

放下手机，我暗笑，厉害！同时也发现了自己的动机，更准确地说是希望老师偏爱我一些。他完全不上当，因为他根本不需要别人称他为老师，多好玩！

那年上京，他弹琴，我坐边上听。弹琴我听不懂他弹了什么曲子，我就一直哭，后来我就喜欢上了古琴，那种悠远，清透！

这些年在国学群里，认识了很多特别的老师，还开始学古中医，开始了解身体是怎么回事；还结识了很多有愿力改变自己的好友，大家真诚敞开，互为镜子。

他写的文章，在提醒我们“看自己”“去了解自己”“观察自己的起心动念”，从事情中去看自己怎么了。

有一天走在路上突然明白，佛陀并没有希望人去用各种形式上的事祭拜他，把他当作神！他所有的教导，都是要让我们做回自己，了解自己，多美呀！

这条路走过来真的不容易。

愿我们都能看到“我们就是自己的光”。

谢谢你波波！

——王丽丽

六

从关注波师的“吕波国学”到缴费入群并再次续费，一路走来，庆幸有缘从线上结识这么多良师益友，看到一批真实活着的人，喜怒哀乐，嬉笑怒骂。如果扪心自问，这一路走来收获了什么？还真找不出一个什么来。如果说有的话，可能就是对发生的一切，比之前明了了；遇到困难和挫折，比之前能坦然面对了。欣闻波师新作即将上架，随喜赞叹之际，真心希望更多读者能借由波师文字的般若力量，得到如实生活的力量。

——善照

七

我是刚刚加入群的新会员，因为在实际生活中感觉没有目标，一直不知道为什么被生出来，为什么活着，这种苦闷感就像一个无形牢笼囚禁着我的心灵，想冲出去，但没有出口。

一个偶然的因缘看到朋友圈有人发波师的文章，那是波师分享的《金刚经》，初读波师的文章，真是久渴遇甘泉，如饥似渴地读下去。我终于找到了方向，我看到了光，心灵出口的光，感恩波师。翘首以待波师新作，期待这本书使我能在“如实地关照自己”的路上得到波师更多的引领！

——胡文凤

八

我是不知因了何故看到了波波的文章，此前关于身心灵方面的东西，看得极多，几乎有了免疫，不轻易触动，然波波的文，读后却有豁然一亮之感。再看文末，收费群的广告极对胃口——“如果你想雇一个人来戳穿你的自我……”，啊哈，我不喜欢救世主，但喜欢一个人真实的返照，那双眼睛里有慈悲。

修行之路漫漫兮，时常怠惰，时常昏沉，但浸淫此群久了，波波和众多前辈们的自律、自然、自在却总在远远地发着光，看到他们，仿佛看到我们自己的光，那种能让我们落泪的光。

——汪鹂

九

吕波是个太不严格的群主，大概他也没什么好严格的。我们在这群里也就百无禁忌的说话，时常恍惚这个群的主题是什么。大部分时间都说着一些最便宜家常的废话，但又似乎只讨论这个世间唯一值得深究的话题。

入群一年，要说收获，大概是我开始活着了吧，这里用“重活”“新生”都不准确，因为之前几十年不能称为活着，最多也就是“存活着”。其实在这里谈收获也不大恰当，应当是：看清多少，扔掉多少。可怜可恨我是个大愚若智的人，一年时间，我只是发现自己：什么都不知道。

——琉璃

十

作为国学会的“三年元老”，本人既可谓是“称职”，却又算不得“合格”！

“不合格”的是，三年来从未亲自拜见波师本尊，参加到线下的活动；“称职”的是，波师的领悟与所宣说，我在实际生活中一点一滴地进行了亲身的“实践”，并从中获取了力量与滋养。

感叹于波师所言“大道”的平实之风，不拽于古文，又不离于引用经典，思维精微，文笔简练清晰，不卖弄、不哗众！波师言语的另一特点是：采用自身的实际事例做教案，对于我们这些“听众”而言，有着言传身教的感染力与精神触动。在我心中，波师俨然已具足一方贤圣的修为：智慧、平等、慈悲……

作为“国学会”的一员，愿波师的新书带着智慧之光，普照于每一位有缘人。

——lily

十一

我进群是个偶然，偶然看到波师的公众号文章，写的文字打动了我的某根神经吧。当时是年末，他广告说马上要涨入群费，一时被他公号里斯文儒雅的照片蒙蔽，同时好奇心使然就进群了。如果一定要说这一年多在群里的收获，那就是更能踏实地静下心来吧。群里看似有时一派“混乱”，波师的这种对群的“不管理状态”反而促使我只好向内看。波师给我印象最深的是他总是能够很清晰地指出问题的实质，也不是提供答案，是那种一针见血的提问和质疑，或者直接回一句硬话让你自己死去活来，让人心里不爽后还觉得他说得对！很荣幸来到这里，认识很多有趣的人，开阔了眼界，也长了见识，也更认识自己多一点点了。

——夕颜

十二

我是偶然看到波师在 2017 年 7 月 26 日的那篇文章《一切的问题只有一个，你对此刻不满》后开始关注公众号，接着进了群。当时进群是为了可以多学汉字的意义的……这一年多在群里及看波师的公众号文章内容的收益如下：

第一，省了不少银子（没再花钱去上鸡汤课了）。

第二，开阔了视野（原来不少人跟我一样也体验过抑郁，自我羞辱的状态，心理平衡了许多）。

第三，学着开始如何去看自己如何自欺的……

第四，去年深刻体验了一把害怕死亡的恐惧，因为闭经身体状态变化太大（把救心丹都用上了）。

感恩遇见波师及所有群友，祝福彼此！

——吴山青

十三

我应该算是比较早认识波师了吧，2013 年，“吕波国学”公众号那时应该较少人关注，也是偶然的机会看到了波师发的文章、图片等，立刻被吸引了。我好像在群里发表过好几次看波师文章的感受，只有一个词“深得我心”，就是我自己表达不出来的很多混沌的想法，一看波师的文章，哇，怎么就是像我自己发自内心的想法呢？只是我的水平太低无法梳理与表述出来。

40 岁之前，生活工作都相对平稳，其实恰恰这样的经历更让人浑浑噩噩，懵懵懂懂，没有思考过什么深刻的问题。2013 年恰巧是 40 岁过后，突然开始困惑了，想找答案，却不知怎么去找，如何去找。身边不乏信奉佛教的人，却并不能让我立即对佛教产生很依赖的情感，相反还很质疑，很警惕。正是如同无头苍蝇乱撞之时，看到了“吕波国学”公众号，认识了波师，波师建此群后立即入了群。波师有几篇很经典的文章，至今我都记忆犹新，如《何人一生，不是虚度》《人间世》等。

这几年在群里泡下来，感觉头脑逐步清明，如同黑房子逐步透入光亮，逐步清亮起来。在日常生活工作中逐步能够随时跳出自我看自我，看到自我和他人的局限、禁锢，反过来照见自己，警醒自己；在佛教方面的领悟与认识也逐步加深，波师并没有刻意宣扬，是一种春风化雨潜移默化的影响，我现在表面可能并没有显示出多么精进，但在精神内核影响渐深，有主观意识自省，在生活上逐步简朴起来；还有记得波师讲过的，具体名字和表述忘了，大概内容是此生生命如此难得，能够感受到风、花，此时此刻，感受当下等等。我当时很感动，结合自己的感受给波师发了一段自己的总结（今晚想找当时通话记录来着，换手机以前的记录都没有了），大致内容是此生已很难得，还有什么不满足的，往后余生要以利他的精神去工作生活，尽自己所能为他人和社会奉献。可能说的有点高大上，但想想人活着的意义不就是这样吗？波师当时回复也是很认可我的感受及想法。很庆幸能够遇到波师，我一直称呼波师为“明师”，让我的头脑逐步清亮起来，没有走弯路与迷途。感恩明师。

——斓玉

*以上诸位皆为“国学会”会员，本书几乎所有内容，皆来自会员微信群即兴分享和聊天记录的整理。他们是第一时间看到本书每一句话的人，当然，也对本书最有发言权。

是以集为序！

目录

第一章

第二章

第三章

第四章

第五章

第一章

二

真正的神奇，是平凡无奇

天地有大美而不言，四时有明法而不议，万物有成理而不说。

——《庄子·知北游》

@所有人　开始分享吧！今晚分享的主题是：真正的神奇，是平凡无奇。

01

十多年前，彼时我正读高三，高考前最紧张的时刻。不知道我被哪个雷劈中了，忽然开始思考人生的意义。我活着的意义到底是什么？

我被一种情绪推着，有近三个月的时间，什么东西也无法想，课也没法听，高考模拟试卷也没法做，饭也吃不好，觉也睡不好……

总是不断被这个问题追问。我不断地给自己答案，给自己未来各种意义，然后不断地推翻这个意义。我为什么活着？

答案——推翻；

答案——推翻；

答案——推翻……

我把我能看到、能想到的所有意义、所有设想都来了一遍。结果只是被推翻，以致后来绝望，想到自杀。但是，天可怜见，我总算没死，活到今天来做这个分享。当时那股不死不休的情绪总算耗完了，当然我最终也没有知道活着的理由。但是用马克思的一句话，强迫自己不要再想了：一个物种追寻它活着的意义，是没有意义的事。可这个问题依然悬在空中，仿若达摩克利斯之

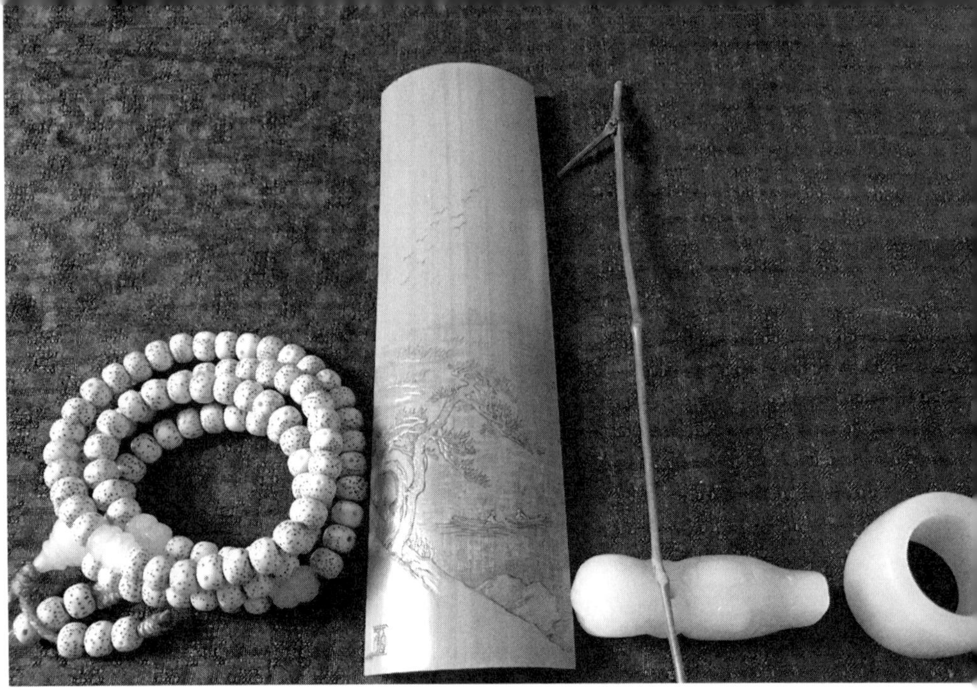

剑，总会在某个时刻，寒光闪闪，逼迫我再次拾起这个话题。所以，我后来这十多年，基本都是在寻找答案。我分享这个我追寻的起因，并不是今晚的重点，重点在后面。

02

从上大学开始，我深入经典，儒家的，道家的，佛家的……大学时，我们学校的副院长为我们上《领导学》，他很喜欢《易经》，常常在课上一激动就给我们讲一点，自此我开始接触《易经》，如获至宝，觉得这个太牛了，肯定蕴藏着我想要的答案。然后十多年，我一直看各种《周易》的版本和注疏。当然，其中也有很多的滋味。这里顺便宕开一笔，说一说儒家的“格物”。我们都知道，儒家说格物致知，正心诚意，修身齐家，治国平天下。格物，是儒家的基本功。但是我看了很多关于格物的解释，大都不得要领。其实《周易》是一本讲格物的书，当然，它后面也有修身齐家治国平天下。《周易》讲天地万物，取类比象为六十四卦，并将这六十四卦，放在时间和空间里来看其起因、演化和转化，实在是博大精深。

我们看到地上有霜了，就知道离河里结冰不远了；

我们看到一户人家积善修德，就知道这户人家会快乐幸福；

我们看到大雁每年南飞，河豚会到水的上游产卵，就知道天地有信……

如果人也如天地一样有信，则无事不通……如果我们仔细地读《周易》，就可以看到，整本《周易》，其重点都是在讲一样东西：万物之间的关系，万物正确的因果。所以，一个真正明白易理的人，并不占卜——因为他懂得事物正确的因果，他只需要行就好了。

03

现在，我们开始进入今晚分享的重点。

可能很多人学《周易》都是为了算卦，预知未来。为什么呢？因为我们都喜欢神迹，觉得能够预知未来是一件很神奇的事情。孔子说：学易学得好，洁净精微；学得不好，贼。洁净，是不杂，我们因为知道事物正确的因果，所以只管合道顺势而为，并不分裂；精微，是敏锐的觉察，我们因为有着敏锐的觉察，所以能如明亮的镜子一样，如实照见事物最隐微的部分。这种照见，离于一切概念、标准和观念。

离于，并不是消除了这些概念、标准和观念。它只是知道，但并不会被这些东西所左右。因此能得见事物本来的样子。

那什么是贼呢？那是对神迹的追求，只为满足一己之私。有人说，我帮人算卦，是为了帮助人趋利避害，怎么是一己之私呢？如果你真正懂得《周易》，你有着洁净精微的觉察，你会非常清楚地看到每一个人每一件事的“轨迹”，它是如此精密如此精确，你会看到那伟大的法流，不可逆、不可抗、不可改……我们唯一能改变的，只是我们的心。我们研究天地万物，也只是为了返照我们那颗心。如果我们不能返照自心，只是一味地向外，那就是贼。好，易经的话题就先说到这里。

04

到后来，我又接触到了佛经，然后开始看佛经，记得2005年、2006年的时候看南怀瑾讲《楞严经》，欣喜赞叹，觉得这次算是真的找到门了。那个我为什么活着的问题，算是可能有解了。当然，我接触的都是大乘的经典。佛陀有十大名号，其中一个叫：正遍知。理所当然地，我们一开始，都会忽视那个“正”字，而着迷于遍知。我们以为开悟成佛，就是什么都知道：一个人的前生后世，明天体育彩票的号码，喜欢的美剧、韩剧的结局……但后来我知道，所谓的正遍知，只是因为佛陀离于一切概念，一切标准和观念，而能如实照见事物本来的样子罢了。

想起《指月录》中一个公案，颇有意思。佛陀正在树下打坐，有两个人抬着一头猪走过。佛陀问，你们抬着的是什么啊？这两个人哈哈大笑，说，你不是开悟者吗？你不是佛吗？怎么还不知道我们抬着的是猪？佛陀说：那也要问过才知道。老子说：前识者，道之华而愚之始也。我们如此追逐的神迹，预知后事，老子却说那只是道的副产品，而且是愚蠢的开始。

05

大概2008年前后，我看了一本书，民国大居士江味农先生的《金刚经讲义》。当时一看，也是如获至宝，觉得简直就是佛教大百科全书啊。记得看第一品，讲佛陀赤足出去行乞。他在后面有一个注解，说佛陀本来可以不吃饭，足不沾地而行，还可以不死……只是为了教化众生，所以才示现出平常的样子。不知道为什么，那时我便觉得不太对劲，自此那本书就没有再往后看。前段时间，看到某一篇文章，摘了一段一行禅师《佛陀传》中的文字，乃是讲述佛陀晚年，身患重病，身边只有一个阿难跟随。那一段我看得十分感动，是的，在那里面，佛陀没有任何神迹，他就是一个普通的垂暮之年的老人。

然而，这位最伟大的导师，依然闪耀着熠熠的光辉。那是因为他，是如此平凡，甚至平凡到没有哪怕最细微的“自我”。

06

对了，补充一件小事，也蛮有启发。前几天，和朋友一起喝茶。席间朋友给我讲看到一篇文章，这篇文章呢，是讲20世纪最了不起的高僧——虚云大师。但也不是讲虚云大师的功夫如何了得，修为德行如何好。他在讲什么东西呢？在讲虚云大师出生前的种种异象。

又是虚云大师的父母同时做梦梦见什么神迹，又是虚云大师生下来是个肉球，就像哪吒，破开肉球才出生，生下来又有各种各样的神迹云云。我当时听了，只叹人心竟然是如此渴望神奇。不但自己渴望，还渴望将自己崇拜的对象神化。且不说虚云大师出生前是否有这些神迹——那不过是后人的神化罢了——有又怎么样呢？虚云大师是因为这些我们不具备的神迹，所以成为大师吗？难道他不是因为老老实实地看自己，老老实实地面对自己，老老实实地把他知道的东西说出来，而成为大师的吗？

我们接触大乘佛教的，都知道佛陀出生的故事。佛陀一出生，便有九条龙吐水为其沐浴，东南西北各行七步，步步生莲，一手指天，一手指地，说：天上天下，唯我独尊。可是，大家知道禅宗云门宗的开山祖师，云门文偃大师怎么说吗？他说：我当时若见，一棒打杀与狗子吃，图天下太平。

07

我们喜欢一个有着三十二相好的佛陀，我们追随一个一开口就十方震动，全身放光的佛陀……我们会追随一个普通的平凡的老人吗？我们追求无所不知的开悟，追求没有痛苦财富丰足的开悟；我们追求想要什么就有什么的开悟，追求弟子随从云集，振臂一呼应者云集的开悟；我们追求永远不用死亡，没有病痛的开悟，追求永远年轻漂亮人见人爱的开悟……可是，我们追求什么也没有得到的开悟吗？我们追求完完全全，彻彻底底的平凡无奇吗？

如果我们仔细问自己，我们一定会知道，但凡我们所追求的，一定是一个不属于我们的东西。而那个真正的珍宝，那个每个人都有、不用去追求的东西，我们却视而不见。佛陀在《法华经》中有一个“持珠作丐”的比喻，我们都是那个怀揣着无价珍珠，却四方行乞的乞丐。

08

前段时间，我在推荐希彦老师的书的时候，引用了《阴符经》中的一句话：“人知其神之神，不知不神所以神也？”我们看到一个人可以凭空变出一条蛇来，觉得那很神奇；我们看到一个人可以预知未来，觉得那很神奇；我们看到一个人，可以知道你的前世是一个将军，觉得那很神奇……

总之，我们追求神奇，看到我们不能做到的事情，不知道的东西，就觉得它神奇。但我们从来没有思考过，到底什么才是真正的神奇，你有没有想过：能够看着这行字，就是最大的神奇？能够听到家人说话的声音，就是最大的神奇？能够尝到今晚食物的滋味，就是最大的神奇？能够触摸桌子的坚硬、爱人皮肤的温暖，就是最大的神奇？能够思考，能够分辨万物的不同，就是最大的神奇？我们有没有想过，有，本身就是最大的神奇？我们有没有想过，我们居然能分明地知道一切有，就是最大的神奇？为什么会“有”呢？存在为什么会存在？我为什么知道这些？这是不是最大的神奇？

09

这几年，我也算见识过了蛮多各种大师。大多数，毫无例外地，宣称自己创造了一套理论体系。而这些理论体系呢？能解释天地万物，能链接高维空间，能接通宇宙能量，能财富丰足，能人见人爱，能知晓一切……懂得了这套理论，或者依此修习，别说开悟成佛，简直神通广大，要什么有什么，想什么是什么。每当我一看到这种，不免敬而远之。庄子说过一句话：天地有大美而不言，四时有明法而不议，万物有成理而不说。果真有人创造什么无所不知、无所不能的理论体系吗？我们需要靠什么劳什子理论体系活着吗？佛陀可曾创造过什么理论体系？我只记得佛陀说：我一个字也未曾说过。老子可曾创造过什么理论体系？我只记得老子说：知者不言，言者不知。

10

佛陀的弟子里，有一个目连尊者，号称佛弟子中神通第一，然而他却被人乱石砸死。孙悟空七十二变，一个筋斗十万八千里，上天入地无所不能，神通了得吧？但是却不能免于骄傲、嫉妒，执着于自己所见才是真实的而带来的痛苦；而唐代的庞蕴居士，在开悟后却只是说：神通与功用，运水与搬柴。当我们了却追逐神奇，希望不平凡的心，那真正的神奇，就会自然地显露——真正的神奇，是平凡无奇；在平凡无奇中，有着真正的神奇。

以下为“国学会”群内部分讨论：

hly：说到高三，我在干吗？因为高一高二光写、看情书和打篮球了，没好好跟上学习进度，成绩掉低了。但是家里又要我考个好成绩光耀门楣，目标考复旦。昏天暗地，没日没夜，刻苦啊。在教室里挂点滴，坚持上课。结果呢，重点是上线了，志愿没填好，变成了二本。伤自尊了，那么多分数白考了，白刻苦了。进了大学很长一段时间相当郁闷的。直到大三公派到日本留学，父母觉得重点没上还能留洋镀个金，在亲戚朋友那里总算是面子上过去了，当时的我，也觉得松了一口气。现在回想，当时就是为了父母的目标努力，达成了皆大欢喜；达不到则郁郁寡欢，觉得辜负了父母的期望。我就在这样的模式里打转。活在父母和别人的期望里。他们期望我成龙成凤，其实，爸爸妈妈，我只是一个平凡的人而已。

吕波：嗯，你这个要仔细分辨。我的意思，并不是要每个人放弃自己的理想，活得人所不知。不是的。你可以赚很多钱，当很大的官，考很好的学校，可以成名……我说的平凡无奇并不是这个。在你这里，真正的神奇，不是你活得平凡，而是你可以看到你在受困于一种活的标准，一种成功的标准。而这个，你在大学的时候，高中的时候，看不到。而这个看到，才是真正的神奇。

By：我跟随希彦老师学医的初衷也是追求一种神通：无病不治，受人敬仰等等。听完彦师伤寒体系以及希彦老师的言传身教，诚如波师所言，极尽平凡。

吕波：希彦师所讲的《伤寒论》之所以有效，其实并不是因为希彦老师发明了什么理论。相反，正是因为希彦老师剥除了后世那些想扬名立万，而创造各种理论体系来解释《伤寒论》的人，而加诸其上的东西。他还原了张仲景的本意，那就是：人体不会按照任何你创造的理论来运行，它有它自己解决问题的办法。我们只需要回到常识，人体自己会治病，而医药，只是顺着人体这个排病的大势来作为。所以，一个医者，更需要自净其意，忘掉那些理论，忘掉自己想要做什么，而如实地去看身体想干什么。我们不需要靠任何高深的理论活着，我们需要的只是：常识。

把生命浪费在美好的事物上

这个分享的起因，是因为我看了《罗辑思维》的罗振宇 2016 年的跨年演讲。他 2015 年的跨年演讲我也看过。罗振宇还是非常具有独立思考力，思考也非常有力、非常深入的那一类人。他今年的思考，拧出了五只“黑天鹅”来。当然，我这次分享不是为了复述他的思考，他的演讲大家有兴趣可以自己去看。他的思考是一个引子，引出我的一些想法。我想我今晚的分享主要有三个部分，希望我能简要地说清楚。

1. 一切都是人心的外显；

2. 把生命浪费在美好的事物上；

3. 当没有任何借口直面自己，是一件很幸运但也是一件很残酷的事情。

一切都是人心的外显。

我之前是做广告营销的，做了十一年。然后我出来自己创业两年。由于职业习惯，我会非常关心很多东西：全球的经济环境、技术的变革、互联网的发展趋势等等。我会看很多行业报告，跑去参加各种论坛，听各路大咖怎么说，去看各种行业最新出的书籍，大公司出的各种数据报告，去虎嗅等论坛看最新的趋势，和分散在各个行业中的朋友聊天，听他们对于当下和未来的看法，关注国家政策的变化……总之，我就像一块海绵，或者饥渴的知识动物，不断汲取知识，不断更新经验，不断进行新的展望。在这样的努力中，我觉得可以理解当下面临的状况，甚至进而把握未来。然后最近两年，我刻意地避开这些，不关注商业、经济、政治等等。除了那些刷屏的各种热点之外，我很少关注具体的商业、时事、环境事件的变化。我开始关注人，关注人心，关注在这个社会中人的心理。如大家所见，我开始深入在公众号分享经典，分析人的心理和行为模式。我开了这个微信群，倾听朋友们在生活中面临的各种问题。在这个过程中，自然有很多的结论。在这个变化如此快速而丰富多彩的时代里，我看到人心的焦虑、恐慌、渴望。我发现，这个时代的问题、成就和趋势，其实全部都只不过是人心的外显。《道德经》说："不出户，知天下。"诚哉斯言！当我们知道了人心，便能知道正在发生的事情，究竟是因为什么。当我们洞悉了人的渴望，便能知道未来发展的趋势。罗振宇的很多结论，和我这两年的观察不谋而合。我也在很多场合和很多朋友在私下分享过。所以，这一个部分，我想说的是：关注人心，关注我们的内在究竟在想什么、害怕什么、渴望什么，便能很清晰地知道为什么这个时代会这样。

我们之所以不理解这个世界，只是因为我们不了解我们自己。把生命浪费在美好的事物上。罗振宇先生说了一个例子，他

的朋友李笑来对他说："去年年终的时候，我曾经陪一个朋友去看二手房，很贵很贵的那种，一套房至少2000万元。那天我看了六套房，也因为这个机缘，看到了未经修饰的六个富人家庭的日常生活。无一例外，他们过得脏、乱、差，他们的家具、陈设毫无审美、面目狰狞、粗鄙。上午睡到10点，女主人可以蓬头垢面地在家里接待陌生人。那天对我的刺激极大，我不是看不起他们，而是我突然意识到一个道理：我们这一代人，都有一个默认的假设，只有我拥有更多的资源，包括钱、地位、关系，我就可以过好这一生。但是，那一天我猛然发现，那些似乎什么都有的人，还是过不好这一生。"我们的父辈，乃至我们自己，可能残留了很多匮乏的记忆。未能免于生存恐惧的记忆的惯性是强大的，所以我们不自知地抓取和控制很多东西，我们以为拥有了这些东西，我们就不会恐惧。但其实我们细想一下，我们只要有手有脚，甚至只要我们愿意想，即便无手无脚，依然可以在这个世界生存下去。生存的恐惧在今天，基本上已经没有了。我们的"需求"其实升级了。从生存到生命。这时候，我们要的可能是幸福、快乐和意义。惯性让我们以为，幸福快乐与金钱、权利、资源和关系对等。但事实上，可能我们真的沉下心来思考，会发现：快乐与幸福和拥有多少并没有几毛钱关系，它来自我们需要的更少。快乐和幸福并不来自得到更多，而来自可以放弃的更多。当物质到了一定的程度，也许给予我们的并非快乐和幸福，它反而变成了一个绑架。正如古人说的一句话：由俭入奢易，由奢入俭难。豪车会绑架我们，因为与豪车相关的是高昂的保险、养护费用；豪宅会绑架我们，因为与豪宅相关的是高昂的物业管理、装修、养护费用；头等舱会绑架我们，因为我们从头等舱坐回经济舱会难受。它们里面的内核只是我们的欲望、面子、证明和控制欲。它们应该是为我们所用的，而不是我们成为它们的奴隶。我说的是我们的心。我们在风景最好的地方，买了最好的别墅，装修豪华，然而我们忙得没空去住。因为我们要忙着去赚养它的钱以及赚给住在里面的保姆的工资。

也许我们不必去问我可以得到什么，而去问一问，我可以没有什么。当我们免除了生存的恐惧，我们的生命应该绽放光华，把生命浪费在美好的事物上。罗振宇说的第二只“黑天鹅”是服务升级。我们不再为柴米油盐酱醋茶的茶付费，但我们为琴棋书画诗酒茶的茶付费。前者的茶，是生活的必须品；而后者的茶，是生活的光彩，是让生命更美的一种活法。所以未来的商业，是服务，服务于人的生活，服务于生命，让生命更美好的服务。所以它导致现在很多产业的繁荣，比如茶行业。我曾预计未来5年，茶的销量会增长10倍。但并不意味着马连道茶城更繁荣，相反，那种传统的商业模式会衰减。我听说马连道已经有很多店铺关门了。未来的茶行业建立在人的基础上，建立在那些懂得茶，懂得茶席的审美，懂得插花点香，懂得茶具的美，懂得不同的人需要喝什么样的茶的茶人身上。会有更多基于这样的美好的茶人所开的，小而美的工作室。未来会有无数的这样的茶人崛起，他们可能只专注地服务少部分人群，然而他们专业而美，他们自己也过着这样美好的生活。首先他们自己的生活是美的，他们用美好的

生活照亮更多的人。当然，我的意思并不是说喝茶点香弹琴才是美的。我们把生活浪费在美好的事物上，但每个人对于什么才是美好的生活各有定义。大家各美其美，美美与共。但是，我们扪心自问，我们真的知道，对于我们自己来说，究竟什么样的生活才是美好的生活吗？这就来到了我们的第三个问题。

当没有任何借口直面自己，是一件很幸运但也是一件很残酷的事情；我们必须直面我们自己。罗振宇先生分享的第三只“黑天鹅”是人工智能。核心观点是：人工智能并不是人的延伸，它是人的替代。以前的科技，基本都可以算是人的延伸。比如汽车，是我们脚的延伸；洗衣机是我们手的延伸；手机是我们眼界与这个世界链接的延伸……

但人工智能不是，它是人的替代——它会替代很多人的工作、工种，甚至我们以前认为“高精尖”的工作，比如医生。未来有一天，可能我们每个家庭都可以有这样一个家庭机器医生，有一天，它拿出一颗药片，告诉你说：你需要吃下它。这个时候你吃还是不吃？也许你会说，你给我一个吃的理由。然后它告诉你，它已经跟踪了你的身体的各项指标 3 年，它研究你这个身体的问题，涉及千年的历史上所有的记载，医疗处理方案上千万页的资料，综合得出了你要吃这片药的方案。你想听理由，好，这需要一万年，你还听吗？得，理由还没讲完，你早就滚蛋一千次了。所以，你只能吃下去。

我这里并不是说人工智能恐慌，不是。我想说的是什么呢？很多年前我曾看过一个很牛的人（具体是谁忘了），在 1932 年的时候曾经做出过一个预言：人类 100 年后，可以不用为了生存工作。他说的 100 年后，就是 2032 年。离我们很近了。今天看来，这个速度可能会比他预计的来得更快。想一想，人类不必为了生存而工作。起初，我会很惊异，如果人类不必为了生存而工作，会爆发出多么伟大的创造力？然而，当我深想，也许不仅仅如此。那也许是一件十分残酷的事情。人类是需要靠意义生活在这个世界上的，但我们鲜少有人去真正深入地思考过：我为什么活着？以前，我们可能有种种借口，因为恐惧于失业，恐惧于生存，恐惧于我们的亲人不能生活而做着一些我们并不喜欢做的事情。然而，当人类不需要为了生存而工作，我们每个人都可以不工作也能活下去的时候——时代的进步，剥夺了我们这些所有的借口。它拿走了我们回避这个问题最后的“遮羞布”，它让我们赤裸裸地面临一个问题：我为什么活着？

这是一件多么残酷的事：我们不得不面对自己。我们过去为了生存假象而结成的种种“联盟”，工作关系、夫妻关系，甚至与父母孩子的关系，被轻易地击溃。没有人一定需要你才活得下去：起码从生存上来看是这样的。没有人需要将就我们，我们也不将就任何人。我们独立地、赤裸裸地面临生命终极的问题：我们为什么活着？我们来到这个世界的意义是什么？生命的意义是什么？可能那时会有各种丰富地提供“意义”的商业给我们，比如游戏，虚拟世界……但我们最终会回来，面对自己，面对生命，这才是永恒的问题。这个问题会前所未有地凸显出来，逼视我们。所以，我们说：把生命浪费在美好的事物上。但什么才是美好的生活？恐怕我们依然要经历一番血淋淋的自我战斗，才能找到答案，或者不需要答案。

AI 恐慌

我停下来
进入另一条河流

我不见了
就像一滴水消失于一条河流

——摘自《波纹》

01

以前我对 AI 也不甚了解，最初的看法也类似于计算机程序。就像一个机器去执行一个程序这样。那应该算是 AI 比较初级的部分吧！应该是前年，我看了英剧《黑镜》第二季。里面讲了一个故事：

有一个女艺术家，她的男朋友出车祸去世了，女艺术家很爱她的男友，因此非常悲伤。当时有一个厂家，可以订购一种智能机器人。但是这个机器人不是马上给她，而是先给了她一个小型的手持设备。她先将男友的一些社交账号、个人日记等等导入这个小设备，然后还随身携带这个小设备，随时和它交流。比如看到什么东西，告诉这个小设备，她的男友会做出什么反应；遇到什么情况，她的男友会如何应对；当她表露出什么的时候，她的男友会如何对她……总之，就是在生活的方方面面上去了解，去模仿，去复原她这个去世的男友。然后，当数据资料搜集得差不多的时候，有一天，她终于收到了这个和他男友一模一样的智能机器人。说是智能机器人，已经和真人一样了。外观，表情，甚至当她开一个经常和男友开的玩笑后，那个机器人的表情和反应都已经和他的男友一模一样了。这个女艺术家非常开心，仿佛又回到了和男友一起生活的时光。甚至，你知道的，机器人在床上的功夫，从某个角度来说，真人是完全无法比拟的。女艺术家高兴极了，整日和机器人生活在一起，还常常带机器人去曾经与男友一起旅游的地方。这简直就是一个“完美”男友，甚至完美得比他的前男友更完美。但是，渐渐地，不知道为什么，女艺术家感到厌倦，感到厌烦。经常面对机器人男友发火，而机器人呢，只能一脸无辜地望着女艺术家说：我做错什么了吗？××（前男友的名字）不是这样的吗？女艺术家一愣，只能叫机器人回到它的阁楼上。然后埋下头，陷入一种不知道该说什么的烦恼之中。这个故事没有结局。《黑镜》的大多数故事，最终都是让我们去思考越来越发达的科技和人之间的关系。

02

当时我看完这个故事的时候，也曾想过，这个机器人肯定在不久的将来就可以实现。那时，我们将要如何面对智能机器人，如何面对身边的人？然后就忘了这茬事儿了。直到去年，发生了一件震惊全球的事情，让我不得不再次关注 AI，人工智能。谷歌的阿尔法狗，战胜了人类围棋九段高手李世石。然后是升级后的阿尔法狗（大师），在网上横扫一堆人类围棋大师。一个号称人类智商最后的堡垒——围棋——彻底沦陷。

基于此，我去深入地了解了一下 AI 发展的现状。我发现现在的 AI 发展，和我们之前理解的 AI 发展是完全不同的思路。比如无人驾驶，我们之前理解，是将地图、交通规则、各种遇险情况导入计算机，无人驾驶 AI 系统，只需要从数据库中寻找类似情况，然后选择处理方法就可以了。后来我才知道，人家现在的 AI 无人驾驶系统，最初也是一张白纸，工程师只是让它学习驾驶，就像一个人一样，它在驾驶中慢慢学会如何开车，慢慢地成为一个“老司机”。所以，新的 AI 发展，和我们之前理解的 AI 有一个巨大的差别：传统理解的 AI 是有顶点的，有局限的，你知道它的数据库就是那样大，处理的方式就是那么多；而新型的 AI 完全是学习型的，你不知道它通过学习可以到达什么样的地步。一个李世石一样的围棋高手（阿尔法狗），一晚上和自己下一百万盘围棋后，会成长为一个什么样的高手？想一想，估计都会不寒而栗。所以，理所当然地，AI 恐慌出现了。

03

前段时间，特斯拉的CEO马斯克，与脸书的CEO扎克伯格的分歧，再次让我关注到AI以及由此引发的AI恐慌。AI未来的发展，会不会像潘多拉魔盒一样，释放出一个魔鬼，最终毁灭人类？今天我们真是面临一个巨变的时代，人类的科技发展，可以说到了一个非常高的水平。很多年前我们在科幻小说、电影中看到的画面，一一在生活中实现。在将来的某一天，我们出门去相亲，对面坐一个男生，当我们互相交换微信等社交账号后，AI可以马上做出分析：我们有哪些共同的爱好，我们的社交圈有哪些重叠和不同，我们对待事物各种观念有哪些异同……然后给出一个答案：你和他交往是否合适，可能交往多久就会厌倦分手，甚至是因为什么问题而分手。甚至，我们都不用去见这个人，我们只需要加一个微信、QQ或者交换一下电话号码，这一切答案AI就已经给出来了。我不知道，你是否还要和这个人继续交往下去？正如年初我做的那个分享中说的一样，也许某一天AI忽然告诉你，你应该吃下这个小药丸，说你如果不吃，你在未来的一年内得某种疾病死去的概率会是80%。如果你问它为什么，AI告诉你，它跟踪了你的身体状况多年，它发现了你身体上变化的N种变量，它从全世界海量的医疗数据库中调取了相关资料，这个总体的资料可能需要你读一万年才能读完，你要不要看一下？你要不要吃这颗药丸？

类似这样的事情，会发生在我们生活中的方方面面，我们生

活中的绝大多数部分会被 AI 全面接管。人类曾经把艺术作为一个私家领域，认为艺术只是人类自己的事情，比如设计，比如作曲。但是按照今天 AI 发展的速度，貌似这一块也在沦陷。AI 完全有可能根据大数据的分析和学习，预测出明年最流行的服装款式，然后设计出来，然后还真的可以大卖；而 AI 自己作曲演奏的音乐会，好像也已经开过了吧？

04

好了，说到这里，我要开始进入正题了。首先我要提一个没有答案的问题，或者说这个问题的答案，需要人家自己去找：到底是头脑创造了意识，还是意识创造了头脑？我们是接受物质 vs

意识二元，作为这个世界存在的基础的。之前我们理解的所谓科学，就是不依赖人的意识，可以反复检验、重复实验的结果。但是好像自从量子物理产生这一百年后，人类对于宇宙物质与意识的二元分法也产生了怀疑。主观意识与客观存在，在之前貌似是两个独立的世界。但量子物理对此提出了挑战。我们不是搞物理研究和分析的，所以，我并不想就此往下做深入分析。但是我们每一个人不妨就刚才提出的问题，自己去进行一个深深的探索。与此相关的问题还有：人究竟是什么？大脑究竟是什么？意识究竟是什么？自由意志是否存在？对于这些问题，我没有答案可以给你，这个答案需要我们每一个人自己去寻找。参考资料呢，除了量子物理，最新的科技之外，建议去看看 2500 年前佛陀和老子的论述。而你要问我是否对 AI 恐慌，我的答案是：我并不恐慌。

我也可以给一个我的启示：如果你晚上做梦，梦见一台机器好像具备独立意识和你说话了，一只狗对你说话了，你会不会恐慌？如果会，那个恐慌是什么？那个恐慌的是什么？好了，关于探索，我们就谈到这里。到底，答案需要我们自己去寻找，恐惧需要我们自己去看清。我们恐惧的到底是什么？到底是谁在恐惧？他为什么恐惧？

05

既然 AI 的到来不可避免，而最终的答案能否找到还未可知，那么我们也许可以做一些什么呢？300 年前第一次工业革命的时候，人们也恐慌。我们的历史课本里还写着“圈地运动”“机器吃人”这样的字眼。结果我们发现机器并没有吃掉人，300 年后我们还好好地活着。所以，也许我们可以以此借鉴，稍微平缓一下我们那恐慌的心，尽管有一大堆 AI 高手有一大堆理由告诉我们，今时不同往日。当未来的某一天，AI 已经接管了我们生活中的大部分工作。可以想见，按照这种速度，人类 90% 以上的工作，都可以被 AI 替代。那么，我们人类，可以去做一些什么呢？正如我上一次分享所言，也许那个时候，人类可以不必再为生存而工作，AI，机器可以养活大部分人类。

这一方面，看起来仿佛天国。但另一方面——如果你诚挚地思考——那也宛如地狱。我们再也无法躲避在工作中，以为必要的社交中，我们必须诚实地回到一些最为基本的问题上来：我存在的意义到底是什么？我到底为什么要活着？当我们再也无法回避这个问题的时候，我们会面临什么？在我看来，它会像一场旷日持久的“末日审判”——只不过这个审判者和被审判的对象，都是我们自己。我们会持久地直面自己的内心深处深层的不安，我们必须从这种不安之中解脱出来。但是是否有逃避的渠道呢？当然会有。甚至，逃避的渠道比今天只会更多。

所以，未来的网络游戏必然是一个最大的产业——人类再为自己创造一个全新的“世界”去躲避；也许还有人会尝试回到乡下，过一种尽量减少 AI 干预的田园牧歌的生活。也许，有更为多元化的生活方式可以提供给我们。但，什么都会厌倦，人不从深层的不安中解脱出来，永远不得安宁。

06

回到刚才我们举的那两个例子，我们是否要和 AI 根据大数据、行为习惯分析出的那个男朋友交往？ AI 分析出的那个男朋友，真的能代表这个人本身吗？ AI 根据大数据，根据流行趋势，根据色彩学几何学设计出的服装，真的会成为我们的心头好，成为我们追捧的对象吗？如果会，那么，我们的心智到底建立在什么之上？

我举这两个例子，虽然还不够完善，但是大概能为我所想说的勾画一个轮廓。我是想说什么呢？我是想说，如果我们可以反观我们自己，我们发现我们的喜好，我们的行为习惯，可能建立在一些趋同的观念、习以为常的概念之上。这些观念和概念，是否能替代事物本身？我们是否可以用更多的时间和精力，从这些习以为常的观念、趋同理解的概念中挣脱出来？对，这是重点。我们是否可以只是去听一个人弹琴，只是听一个人自由地歌唱，只是看一个人认真地写字画画……不再关心什么是艺术，什么是音乐这样的概念？我们也许选择 AI 造的杯子，也许选择一个人用手捏出来的杯子；我们也许选择 AI 根据流行趋势裁剪的衣服，也许选择一个手艺人自己手工缝的衣服；我们也许喝 AI 根据成分分析创造出的最适合人喝的茶，也许选择喝一个人静静泡出的一泡茶，我们压根不关心这泡茶到底是什么成分；我们也许不和某个 AI 分析出有 90% 可能 18 个月后就会分手的人交往，也许我们根本不理 AI 的建议，直接去面对这个人，在关系的互动中一起深入……但这一切，可能都需要我们从概念和观念的世界中解放出来。

07

无论人类如何进步，科技如何发达，人性本身并没有任何的变化。我们从徒手面对一切，到使用弓箭矛石，到使用枪械，到使用远程导弹……我们从穿树皮，到从麻中提取织物，到从棉花中纺出线，到复杂地养蚕织丝绸，到复合化纤……我们周遭的一切都在变，我们使用的工具也在变，但人性从未变过。

所以我们更应该去看我们的心。最终毁掉人类的是原子弹，还是人类的贪婪、恐惧和骄慢？最终毁掉人类的是AI，还是人类疯狂的野心？

所以，也许，在未来的某一天，当AI替代了人类的大部分工作，人类不再需要为了生存而工作。也许我们更加紧迫的是：去发现自己存在的意义；去爱和创造；去消除、消融这个世界上因为价值观、种族歧视等等创造的不平等；去消除那些人与人之间的隔阂，地区间的饥饿、疾病；去跳出对概念理解的不同，价值观的不同，生活与行为习惯的不同，真正看到他人，理解他人。

真的有外星人吗

吕波按：

关于这个分享的缘起，乃是因为前一段时间，群内有些朋友，转发了很多关于各种外星文明、失落的文明或者史前文明的文章。然后跟着就是一系列各种高频、扬升、疗愈的课程。于是，群里包括我在内的一些朋友，对此颇有些“微词”，大意是说这不是我们修行的方向云云。

也有朋友表达了一些不同的意见。也许可以代表群内很多未能发声的，甚至很多关注我公众号朋友的心声，故而，把这位朋友的意见也发出来，同时，专门就此问题做了一个分享。其实关于这个问题，我大约前年就分享过了——《生命的维度》（“吕波国学”公众号文章）。对于这个话题有兴趣的朋友，建议先看此文再接着往下阅读。

pj：看你们评论你们不了解的东西，那明白的啊！！二五八万似的，看得好累，只能赶紧划拉，匆匆略过。评判恰恰是最该放下的，而不是别的。看见自己心里的评判生起来，还不放下，还举起来，快看我的评判，我的评判可牛了。我已经掌握全部真理，而别的，都是垃圾！垃圾啊！在走冤枉路而不自知啊！世间大多数人都是糊涂啊！就我明白。特别是那些自诩修行人，错误得太严重了！就我对。一手捧几个，跟你说，这些我捧的，很棒的；另一手贬更多，跟你说哦，那些都是垃圾。捧着，贬着。看着好牙碜。

01

吕波：@所有人　好了，各位朋友，我们今晚就来来聊一聊各种“文明”的事情。

首先，我想对pj说的是：我了解这些文明本质上究竟是什么，这基于我对自性的了解。而这个了解，不是只有我可以，而是我们每个人都可以。所以，我并不是信口开河地吹捧一些东西，打击另外一些东西。那我们就从“自性”开始说起。自性，是佛家的一个名词。这个名词，我们可以换成道家的“道”，也可以换成有神论的“神”。或者，我们也可以换成一个现代人常用的词：无限。前天我们在分享“毫不费力”的时候曾说过，我们的心智是无法理解什么叫“毫不费力”的，因为我们一尝试理解，就已经是“作意”，就已经是费力。同样，我们的心智其实也无法理解什么是“无限”，因为，我们一尝试理解无限，“无限”就一定呈现出具体的某个“相”。但是我的意思并非说，心智理解的就是“错的”。我的意思是说，心智理解的任何相，都不是无限本身，而只能是无限的局部。

大家现在可以尝试理解一下——无限。相，对于大家可能也是一个难以理解的词。现在我们把“相”换成“存在”。存在是无限的。我们心智理解的，了知的一切存在，都只是存在的部分。

02

无形、无相的“自性”，示现一切有形有相的事物来观察它自己。所以，从本质上讲，第一，我们唯一可以共同领悟的是无限本身。我们可以成为无限本身，因为我们本来就是无限的部分。我们通过成为无限本身，进而领悟无限。这个无限是我们每个人共同的“本体”，同时也是宇宙万有，森罗万象共同的本体。我们每个人领悟的，那个无限本体是一样的。这就是真谛，究竟的真理。

第二，没有两个完全一样的相，所以每个人所感受到的都不一样。这句话什么意思呢？我们的眼睛所看，耳朵所听，乃至思想所想，甚至于幻想、做梦，连接到任何高灵、文明、纬度……我们每个人所见到的任何相，都只是我们自己所见到的。也就是说，我们每个人见到的相，都只能是自己所见到的相，别人是无法和我们见到同样的相的。比如这本书，好像我们都看到了同一张纸，同样的字，但是我想告诉大家的是，我们每个人看到的“相”其实都不一样。我们永远无法看到相同的东西；我们永远无法听到相同的声音；我们永远无法尝到相同的味道；我们永远无法闻到相同的气味；我们永远无法感受相同的体感，相同的情绪；我们永远无法有相同的想法……也就是说，我们只能领悟完全相同的本体，而无法“见到”任何完全相同的“相”。但一切不同的相，都是这个共同本体的示现。

03

好了，烧脑的部分说完了。接下来也聊聊关于各种文明。说起来，我也是一个水瓶座的好奇宝宝。所以呢，我最喜欢看的电影就是各种科幻片，几乎再烂的科幻片，我都能看得津津有味。在这十多年的思索，研究和对生命答案的追寻中，我也在这些各种文明上面下过一些功夫；对牛顿的经典物理，20 世纪兴起的量子物理、多维空间、弦论等也有些了解；对世界各大奇迹，百慕大三角、巨石阵、麦田怪圈、埃及金字塔、外星文明、里姆利亚、亚特兰蒂斯文明、吸血鬼等也有过了解；对世界各地原始宗教的萨满文化，各种通灵现象，藏地的转世灵童也略有了解……我想，几乎所有的求道者，应该都会在某一个时间段对此感兴趣。

也许我是幸运的，在了解这所有的东西的同时，我也在读经典，并着重读了佛经，系统地了解了佛陀的智慧。这种系统的对佛陀智慧的了解，让我树立了一些基本的“正见”。比如一切生灭的“相”，都不是究竟的真理；在一切生灭的“相”中，并无

一个实存的“我”；所有人，都具备领悟究竟真理的潜能……

我说这些的意思，并非说佛陀的教法才是高级的，不是的。佛陀自己都说过，一切法都是佛法。佛陀也说过，他没有说过任何法。同时，我也并非在标榜自己，或者说我是一个盲信的人。我也对以上佛陀的教言都有过怀疑。

04

那么，既然如此，为何我还要对大家转发到本群的，像这些各种“文明”“扬升”“高频”的信息，总会发几句不认同的观点呢？甚至，可能我的某些用词，让大家感觉到像“批判”，甚至“攻击”？请原谅，这并非我的本意。这些文章，在我的朋友圈多了去了，在我加入的其他群也多了去了。我基本从不发表任何意见。也有人拿这种文章来问我，这是真的吗？我一律回答他们，你觉得是真的就是真的，这是一句实话。但是容我后面再来说这个问题。

我开这个收费群，是有目的的，那就是帮助大家去领悟究竟的真理。大家加入这个群，我想也多多少少有这个目的。我作为群主，就有这个义务告诉大家，如何才能了解究竟的真理。尽管，我知道每个人都有他自己的路；尽管，我知道本质上讲，每个人都“精确”地走在他自己的路上，从来就没有任何一步“弯路”；尽管，我知道心智的游戏一定会对“超能力”“不凡的自我”“超人的力量”等感兴趣；尽管，我知道自我就是无法接受“不知道”，要对一切未知找到解释……我不是反对这些文明，或者说这些文明都是假的，我不反对任何东西，也不认为什么东西就是假的。大家有兴趣研究，我没有任何意见。我想要表达的意思是：要领悟究竟的真理，只能从我们的心上去求，这是唯一的路。

05

回头，我们来说说，这些各种文明、扬升、高频、疗愈……

它们是真的吗？从究竟的真理来说：它们都是真的，也都是假的。它们无所谓真，也无所谓假。一真一切真，一假一切假。但是我们的心智无法真正理解这种说法。因为心智的特性就是二元的。心智，意味着认识，意味着从无限显化为有限。而这个有限不断拓展其认识的边界，同时也不断固化这个边界。但是，本质上边界是不存在的。就像我们无法在海面上画出一个圈，说这是一个独立的海。我们以为有一个独立的海，一个独立的“我”，这是一个错觉。这个错觉，伴随着心智的发展，不断被固化。伴随着不断的固化，也同时伴随着越来越“壮大”的疑惑——或者，我们称为不安。自我感越强大的人，他的不安也越强大，他的疑惑也越巨大。这份疑惑，这份不安，我们会找各种东西来填补。一开始，是金钱、权利、性、地位、对爱的攫取等，或者是知识、事业、比自身更伟大的意义……

我们在这些之中转战，终于发现这些都无法让疑惑止息，让不安安住。于是我们从“外部”转向“内部”，开始转战灵修，可能最开始一般都是从“心理学”开始。于是，我们开始追求开悟，追求究竟的真理，我们进入各种文明，各种维度，各种疗愈，各种吸引力法则，甚至于佛法——本质上佛法也一样。但是，这些都不能最终让疑惑止息，让不安消失。我们总是在欣喜若狂地自以为找到了究竟的真理，然后过一段时间，那个疑惑、不安又重新冒出头来。事实上，疑惑、不安从未停止过，我们不过在骗自己。

05

有一句话：永断疑悔。如果我们诚实，一定会发现，我们对每时每刻的一切选择，有疑惑，有后悔。如何才能永断疑悔？除非我们领悟到众生一体的那个“本体”。当然，即便我们领悟到“本体/自性”，那也只是刚刚开始。我们心智的惯性，会不断地造作，不断地驱使我们去“获得”，去“填补”，甚至把这个“领悟”拿来填补。

永断疑悔——以体认“本体/自性”为起点，那是一条永无止境的路。但同时，我们本来就是，我们一直都是，无论我们如何造作，如何兴风作浪，我们都既是水，也是无尽的大海。一切众生，本来成佛。

我有病，你有药

做这个分享，是因为昨天有两位群友私信和我说话，不约而同地提到了相同的问题。算是一个分享的因缘吧！我先贴出这两段对话来：

对话一：

yz：是否在自我的道路上越走越远要看是在实现自我的道路还是超越自我的道路，若是在实现自我的路上是需要恢复我们的感官、探索我和原生家庭的关系、整合自我的。若是在超越自我的角度讲，的确是没有一个“我”在，但若之前的都是受伤的自我感在推动，打打根基也挺好。当然有悟性有福报的直接走超越自我的路啦。一起上心理学的同学的探讨，感觉她好会说。自我是虚假的，还要去实现它，好多年我好像都在这上面打转。

吕波：也不是这样。想做什么，实现什么，还是可以去做呀！

yz：哦，那背后的动机还是有问题在。想要证明我。

吕波：但不做，又何尝不是一种证明？重点是看到，而非做还是不做。看到，才有净化的可能。

对话二：

zcy：真的只是打坐，拜忏，就是清净最好的方式吗？有时候我在想，我整天这样封闭着，是不是应该去关怀别人，封闭的循环是不是应该先打开一个口子。有时候又觉得，所谓的关心他人，八成只是满足自我社交需求。

吕波：唉，好像你们都有误解。看到，才有净化的可能。生命要连接，但也可以被自我利用。所以，我们才要看到，了了分明，才有净化的可能。我找个时间专门分享这个。

01

其实呢，核心我已经在对话中说清楚了。我们练习打坐，拜忏、站桩等等，都是为了培养真正看见的能力和行动的力量。当然，看见的能力和行动的力量，其实是同一个东西。如果我们真看见了，自然有行动的力量。如果我们说看到了，但还没有行动的力量，只是因为我们还没真正看见。看见什么呢？就是在关系中，在做事中，了了分明地看到那些自我的造作。

正好，上面的两段对话，一个是关于做事的；一个是关于关系的。我试着举两个我自己的例子看看吧。

02

大家都知道我弹琴。我对古琴的热爱，大概始于十多岁，在古诗和金庸的武侠小说中。但当时弹琴的人绝少，我又生活在四川偏远的乡村，虽然我十分向往，但是没有机会接触到。后来慢慢深入传统文化，看各种经典，更是醉心不已。初中的时候，我一个三叔从广州带回一个索尼的 CD 机和十张碟片。那个时候，CD 机是一个稀罕物。那些碟片里就有古琴。后来出来工作，有了电脑，就开始常常听管平湖。但那时还没有学琴的机会。一直到 2010 年才终于在北京得偿所愿。

今天回想起来，我学琴，当然有单纯的热爱，但是其中未必没有掺杂着其他的目的，比如炫耀啦、装高大上啦……但在之前，这些目的和我的兴趣是掺杂在一起，混在一起的。起初，我未必能完全地分清楚，或者说没有意识去分清它，或者分清了也懒得去管它。我是这些年，这些背后的东西越来越清楚，越来越了了分明。我依然弹琴，但是渐渐能清楚地把自我的污染和个人的爱好与兴趣剥离开来。

03

北京各种茶、香、琴的雅集，还有各种文化活动，简直多如牛毛。但我极少出去参加什么雅集，活动。偶尔却拗不过朋友的邀请，去弹弹琴，也不忘看着自己的那些各种“心”。甚至在分享古琴，弹琴的时候，时刻回到一个发心：好好推广古琴吧，古琴是需要推广的，这样美的圣人之器、这样好的调心方式是值得推广的，但“我”是不重要的！如果大家听了我弹琴，对古琴产生兴趣，愿意去接触去学习，那就很好。而不要试图把大家的关注点，聚焦在我这个人上。今天，我的修行还不够好，依然不能摘得如此干净，所以只好战战兢兢，时刻看着自己了。

所以呢，我想说的是，不能因为我看见我学琴、弹琴，掺杂着炫耀、证明、吸引异性的目的，我就不去弹琴了。而是在这个过程中，每当有这样的目的升起，能真正看到那些“心”，然后“戒”——想要炫耀的，不要炫耀了；想要证明我弹得好的，不要去证明了；想要吸引异性的，收住。

去做，去行，才有机会看到，了了分明，然后净化。让弹琴这件事，于我而言，更为干净纯粹，也把这种干净纯粹的东西，传递出去。

04

再说说关系。其实关系也是一样。我开了公众号，开了收费微信群，每天发文章。自然会吸引很多人来。有很多朋友，通过微信加我好友，向我咨询问题，甚至成为生活中的朋友。一旦他们看到我的公众号，加我的微信，其实关系就产生了。在这个关系中，我当然有分享我认为的“正见”，也有真切地想帮助朋友们，拥有去看到的能力，去看到自己问题的目的。但仔细思量，也会掺杂个人的一些目的。比如让他觉得我很牛，很有见地；或者希望他们交钱入群……然而，并非因为我知道我掺杂了这些不纯的目的，我就关掉公众号，弃用微信，不和人产生关系。

正因为人和人发生关系，我们才能因此而照见我们的那些“自我”。在每一次具体的互动中，去察看自己的起心动念。要去推动人，而不要去证明自己很牛；要去让他自己找到自己的问题，而不要告诉人你有病我有药；要去帮助人，而不是满足自己的私欲。

05

前几天，我和朋友聊天，正好聊到这个“你有病，我有药”上。可能今天的修行界，灵修圈子就流行这个。人是那么脆弱，又是那么懒惰，每当烦恼痛苦升起，欲望不能得到满足，就希望有一个大师或者某个灵修课程，像药丸一样，吃了就好。从此心灵丰盈，物质富足。如果要让我们自己去看自己，那比登天还难。但事实是我们心的烦恼，欲望的痛苦，没有任何外在的灵药，我们唯一能做的，就是看自己的心。这是唯一的药，这唯一的药在自己身上。

但诚实地看自己，是那样痛苦。每当我越来越深地看到自己的起心动念，也就越来越了解其他所有的心智模式。真的，我太知道人想要什么了。走捷径，吃止痛药，灵性鸦片……也太知道什么样的东西可以让人上瘾了。但我不能这样做。当然从根本上，我知道如果我这样做，可能会暂时满足我的私欲，但最终的因果，最终的苦果会千百倍地让我自己来尝。当我不干净的时候，因果真实不虚。

大乘菩萨道，为什么要让菩萨入世间？当然，我不是菩萨。就是因为，我们只有在做事中，在生命与生命的连接中照镜子，看到自己的那些起心动念。然后戒，然后净化，然后消融掉那些“自我”。如果我们不去做事，不去和人互动，我们甚至都不能看到我们的那些自我模式，更谈不上净化的可能。愿我，愿有缘看到我今天分享的人，都能这样去一直看自己。

你的回忆并不是真的

重要的是一刻接着一刻地觉察，却不累积觉察带来的经验。

——克利希拉穆提

常觉不住。

——《圆觉经》

好了，开始分享吧！其实这个分享的种子，我在去年就已经种下了，在今天才开始来分享。今天分享的主题是：感受的能力和回忆的模式。

01

如果我们没有饥饿感，等于“神”也直接剥夺了我们享受美食的能力。我读中学的时候，算是一个“坏学生”。从初二开始到高二，我热爱赌博。我家是农村的，我父亲是一个乡村的赤脚医生，能力也不错。但也绝算不上有钱人家，只温饱是没有任何问题的。我赌运不好，输多赢少，输了生活费往往就会闹得没饭吃。我记得有好多次，我输了生活费，没钱吃饭。开始还能蹭蹭同学的，或者借一点钱撑一下，但赌博这个东西，就是个无底洞。所以我是品尝过饥饿的滋味的，正好是年轻力壮能吃的年龄。高中的时候我们每天连早晚自习 11 节课，还打篮球运动。那些饥饿的细节，我现在都还记得。尤其到了饭点，大家都去食堂打饭吃饭，我自己一个人只能在教室待着看小说，或者跑到学校操场外的椅子上坐着发呆！

饥饿感一层一层地泛出来。不知道大家有没有挨过饿，其实饥饿并非一个单一的感受，它有着十分丰富的层次。从最开始感觉腹中空空，然后饥肠辘辘，然后搜肠刮肚，然后肚子慢慢痛，然后这个痛也慢慢地变得麻木，然后感觉头晕眼花，生气一点点地失去，连说话的力气都没有……在那个时候，我肯定愿意没有饥饿这种感觉，因为真的太难受了。所以后来我看了好多关于饥饿的书，真的会看得感同身受。

写饥饿感最好的，我觉得是余华，他的《活着》《许三观卖血记》《兄弟》写饥饿感很传神，余华是肯定挨过饿的。还有刘震云的《温故一九四二》，杨显惠的《夹边沟记事》……饥饿感估计每个人或多或少都体验过，但体验的深入和层次可能还是有些不同的。但是今天我回想起来，我并不愿意失去饥饿感。记得有句话说："饥饿是最好的厨师。"诚哉斯言！如果我们没有饥饿感，想一想，那是一件非常可怕的事情。那等于"神"直接剥夺了我们享受食物的权利。

02

如果没有羞辱感，我们会活成一个无赖。

再说第二件事。关于羞辱感！我刚从大学出来实习的时候，那是 2012 年，我进了一家广告公司。当时那家公司在成都，是诺基亚西南区的广告代理商，但是当时公司已经不具备为诺基亚服务的人才了。我进那家公司，没有人教我，只能全靠自己瞎搞。记得那年 10 月是诺基亚一款新机型 3610 的地面线下推广。其实就是一个促销活动。我在做媒体安排的时候，简直一团糟，安排什么电视大户外。记得我和公司副总一起去提案，当时听我们提案的是诺基亚的广告经理，26 岁的一个姑娘。她听完我的提案后，用一种尽量掩藏着轻蔑和不屑的平淡语气对我说，你知不知道有一个词叫“媒体组合”？我真的不知道“媒体组合”，我记得我当时站在那里，在成都当时一栋非常气派的写字楼的 26 楼，非常宽敞气派的会议室里，恨不得找个地缝钻进去。

当时是 10 月，阳光已经不强烈了，但我感觉光线白得睁不开眼睛，我站在那里，有那么一瞬间，可能完全地没有声音，空气都像被抽干了一样。我被巨大的耻辱感、羞辱感完全地吞没了。经此一役，我跑四川师范大学的旧书小卖部，一口气买了 13 本关于广告营销专业的书，从此踏上了专业雪耻之路。有几个记忆：记得在成都川师大，狮子山下的小出租屋，冬天很冷，我一个人在冰冷的小屋里，看《广告概论》、菲利普科特勒的《营销管理》第八版……边看边做笔记。然后在网上，我通过各种论坛，各种渠道下载大广告公司、营销公司、咨询公司的方案和培训资料，奥美的、罗兰贝格的、麦肯锡的……成都的夏天很热，我坐在电脑前一遍一遍地看这些方案，大概下了不下 1000 个方案。刚开始，看不出来好，慢慢地看到两三百个方案就能知道好了。看完一遍后，我删除了不好的，剩下约 100 个好的。然后再反复看这 100 个好的，最后我删除了所有的方案。后来我还在营销论坛上认识了一个朋友，台湾人，40 来岁，做快消品营销 18 年，当时是四川光友粉丝的全国营销总监。我们成了忘年交，每次他来成都，他都带我去超市，现场教我渠道、终端、地推等，我陪他喝酒吃串串，和他聊天到凌晨两三点，他教了我很多营销上的实战方法。顺便说一下，他那时单身，他现在的太太还是通过我认识的，现在一儿一女都 10 多岁了。嗯，总之，自那以后，再也没有一个客户说过我不专业。

我想，如果没有那一次深刻的羞辱、耻辱，我不会有那么一点知耻后勇的觉悟吧！其实也许在当时，那位姑娘只是有点无奈地说这样一句罢了，她并无意羞辱我。

03

如果没有痛感，我们早就“滚蛋”了。前几天，我在计划分享这个话题的时候，就想过这个问题。我当时想，可能有很多人不想要疼痛的感觉吧？然后我专门查了一下，是否有一种人就是没有痛感的。还真有，这是一种“病”，叫无痛症。其实这是一种非常可怕的病，简直就像是神的“诅咒”。想一想，你再也不会有肉体的痛感。

我查资料的时候，发现有一个患“无痛症”的人，死于阑尾炎，因为他没有痛感，根本就不知道患阑尾炎了。

说到这里，顺便说一句。自从接触了刘神医（刘希彦）的《道鉴伤寒论》后，我知道其实我们不想要的“生病”，从另一个角度来说却是好事。因为它代表我们的身体还在工作，机能还在健全地运作，想要祛除病邪。如果我们不生病了，可能是更可怕的一件事，我们的身体罢工了，一有病邪入侵，很快就“滚蛋”。当我们生病，我们的生气被消耗，病恹恹的，身体不舒服，吃饭都吃不好。一旦病好了，身体恢复正常，那种感觉真是太好了。或者我们疼痛——不知道有没有人对疼痛有深入的体验？绞痛，仿佛肠子绞结在一起；撕痛，仿佛肌肉被撕裂一样；跳痛，太阳穴，头上一跳一跳地痛；胀痛，仿佛被气或者什么撑满了……各种痛，都很难受。但是，正因为我们能感受到痛，所以，身体还保留了这样一个保护它自己的信号。如果我们根本不知道疼痛，可能就像那个得阑尾炎的无痛症患者一样，直接就死啦。痛，让我们警觉，让我们远离危险；痛，也让我们及早觉察身体的健康异样，及时治疗；痛，还让我们体会到身体安适的快乐。我们的回忆都是被扭曲和塑造过的。

再说说回忆。不知道大家有没有发现，回忆是一件很有趣的事情。我有一位朋友，是一个女孩子，她还有一个哥哥。她一直觉得她父母更偏爱哥哥，重男轻女。每次和我聊起来，总是离不了“原生家庭”的创伤，总之就是受伤得严重。后来我鼓励她勇敢地去和亲人，把自己的感受说出来。结果让她大跌眼镜，她哥哥觉得他们家什么重男轻女，完全就是重女轻男，爸妈都爱他这个妹妹；而且她哥哥还举出好多好多的例子来，证明爸妈确实更爱妹妹一点，那些例子有些她模糊记得一点，有些她自己都忘记了。她爸妈觉得，他们一直都在一碗水端平，两个都是一样的爱。也举出好多好多的例子，比如高中的时候，给哥哥买了新自行车，等她上高中时，也给她买了新自行车，虽然哥哥的自行车还能骑……总之都是些小事。

慢慢地，她开始怀疑她的回忆，在与家人的沟通中，她渐渐发现，很多事情并不是像她想的那样。比如她觉得被妈妈当众羞辱，在她妈妈那里，她妈妈只是担心她，怕她再犯这样的错误，太危险会没命。这样的事情很多。

不知道大家发现没有：记忆因此时的搜索模式而关联；记忆是可以被扭曲和塑造的。当然，核心是“搜索模式”——借用一个互联网词语。比如，当我们觉得我们是一个不被人尊重的人时，“不被尊重”这个标签，就是一个搜索关键词，我们启动这样的记忆搜索，便呈现出所有那些不被尊重的故事。甚至，有些并非“不被尊重”的记忆，也会被我们的心智扭曲成不被尊重的故事。此时，那些被尊重的故事，被这个搜索模式屏蔽了。我们的回忆，好比一个巨大的库。这里面有各种各样的东西。可能当有一天，我们忽然觉得我一直都被人尊重的时候，我们那时启动这个“被尊重”的搜索标签的时候，又忽然搜索出一大堆被尊重的故事来。

甚至，那些本来别人可能只是随便说说的“这人还不错”，也会拿来当佐证。

我，即心的模式。嗯，我不知道大家是否知道我在说什么。我尝试说得更清楚一点。有一句话：你的世界，是你想看到的世界。佛家有句更简洁的：一切唯心造。不知道大家是否有翻看别人朋友圈的习惯。我以前每添加一个新的朋友，都会翻翻他的朋友圈。这是一件很好玩的事情，大部分的人，翻看他最近一年的东西，就可以知道他大概是一个什么样的人。当然，这需要很敏锐的眼睛。比如有些人高唱正能量，转发各种正能量的文章，各种公益，各种悲惨的事，其实你也能看到他背后深深的恐惧。每当有社会公众事件发生，尤其是那种涉及民生法治的事件，你就能看到各种模式。比如一个右派，你看到他转发的往往是各种公知的文章，各种质问，各种对国家消极的论断；而一个“左派”，可能转发的都是各种激进的评论，各类名人的豪言壮语，充满怒火和谩骂；当我们看得足够多，就能看到一个一个的行为模式。然后，我们反观自身，我们也不过是一个一个的行为模式罢了！而当我们单纯地看朋友圈，或者我们单纯地看互联网，其实它就是一个库，什么都有，一切都有。我们看到什么，只因为我们输入什么样的关键词——标签。如果我们放下这些标签呢？那我们就看到整个互联网。它既不像我们想象的那么好，也不像我们想象的那样坏，它就是它，一个个网页，一行行字符，一张张图片，一个个视频……

06

智慧，即生命的转化。但这依然不是我最终想要说的。我想要说的，可能比较难说清楚。我想说的，其实关乎转化——将一切体验转化为智慧。注意，我的意思不是说将痛苦变成快乐。不是的。反而，智慧是还原“事实”，是如其所是——痛苦就是痛苦，快乐就是快乐，羞辱就是羞辱，饥饿就是饥饿。但它的差别在什么地方呢？

对于我们来说，同样是一个不断丰富的“记忆库”，但我们可能因为不同时间、不同情绪，产生不同的搜索模式，从而固化出一个又一个“自我”来。比如：我是一个从小爹不疼娘不爱姥姥舅舅不待见的孩子；我是一个自力更生，完全靠自己努力奋斗混到今天地位的人；我是一个很自卑，但表现出很骄傲的人……它是混杂的，我们累积各种各样的角色。然后，我们继续累积这些角色，这就是佛家四圣谛之一的“集”，而它是另一个圣谛“苦”的原因。如果我们愚痴，我们会不断强化这些角色——注意，无论是对这些角色的认同和不认同，都是强化。但，如果我们有智慧，我们看破“我”——不过是这些模式的累积。我们看破并挣脱所有的这些模式后，就会带来生命质的转化。同样还是那样的一个“记忆库”，当我们不再累积和维护任何角色，这时，这个“记忆库”变成了一个不断丰富的“大宝藏”。它让我们的生命，起码产生两个层面的变化：一、它让我们更深入、丰富地体验当下；二、它让我们对他人，对众生的苦乐拥有感同身受的能力。

创巴仁波切说：慈悲，就是感同身受。

在分享之前，我在微信群里问了群友两个问题，这两个问题，大家也可以思考一下：1. 如果可以的话，你愿意失去哪一种感受？ 2. 如果可以的话，你愿意清除哪一段回忆？

感受的能力

@所有人　开始昨晚未竟的分享，下半场。分享之前，大家先欣赏一首诗。我 2000 年上大学时看到的。

我遥望

作者：曾卓

当我年轻的时候
在生活的海洋中，偶尔抬头
遥望六十岁，像遥望
一个远在异国的港口

经历了狂风暴雨，惊涛骇浪
而今我到达了，有时回头
遥望我年轻的时候，像遥望
迷失在烟雾中的故乡

今晚的分享，继续昨晚最后所说的，当我们不再受自我模式的困扰，那个不断丰富的记忆库，就变成了一个巨大的宝藏。当我们挣脱所有的模式，不再执着那些自我，存在本具的智慧显露，我们的生命将发生至少两个层面的转化：一、它让我们更深入、丰富地体验当下；二、它让我们对他人，对众生的苦乐拥有感同身受的能力。

01

我知道，我们群（吕波国学群）还没有60岁的朋友，但我们多少在10多岁的时候，曾经想象过我们30岁的样子。而今，这个群里的绝大多数人都30岁以上了，我们也许并未经历过生活的惊涛骇浪，但总也经历过起起伏伏，不知道我们今天回想起10多岁的时候，会想起一些什么呢？

这令我想起另外一首词，这首词的作者叫蒋捷，南宋人。他的这首词，写的是听雨。写了他一生不同的时段，同样听雨的感受。“少年听雨歌楼上，红烛昏罗帐。”年轻的时候，鲜衣怒马，意气风发。在风月场的歌楼上，中宵酒醒，大概是春天吧，窗外的雨声淅沥，室内的红烛还没烧完，映照着罗帐和身边的美人。“壮年听雨客舟中，江阔云低，断雁叫西风。”再一次听雨，已经时至壮年，天涯羁旅的客舟之中，站在船头极目四望，水天之间一片苍茫，秋风阵阵，失群的孤雁声声鸣叫。“而今听雨僧庐下，鬓已星星也，悲欢离合总无情，一任阶前，点滴到天明。”而今已然年迈，躺在破庙草庐之中，正是晚上，已经睡不着了。想起一生的颠沛流离，一生的悲欢离合，觉得时间是如此无情。就像此刻，欲眠却无眠，只能听着阶前点点滴滴的冬天的小雨，从屋檐上滴到阶前，一滴，一滴，又一滴……

雨天，总是适合回忆，适合怀旧。我们也总曾在不同的时间听雨，听见窗外的雨声，会让我们想起什么呢？记得以前我们常说，下雨就是下雨，这就是一个自然的发生，我们为这个下雨赋予的离愁别绪，都只是自我赋予的。

当然是的，下雨就是下雨。但是我们听见雨声，想起的那些往事，又何尝不是一个自然的发生呢？因为如此，生命得以丰富。诗歌只是表达，只是一种表现的形式，它的内核是丰富的情感，丰沛的生命。

02

当我们喝到一款2800年的古树茶。正好用了甘洌的山泉水，正好用了合适的水温，让那泡茶发挥到了极致……如果我们未曾喝过很多的茶，好的坏的不好不坏的，未曾试过各种各样的水，未曾试过各种各样的泡法。我们或许依然会觉得好喝，但不会心生感动。

佛家有句话叫：因缘和合。一切都是因缘和合而生。一开始我们听到这四个字，只觉得悲伤——啊，这个世界竟然没有一个恒常的东西。但最近几年，我对这四个字的感受却是恩典、神迹。

这种恩典和神迹处处在在，无所不是。如果我们静下来想一想，我们每一个体验的瞬间，都源自亿万种不同缘分的精密和合。张爱玲的散文《爱》中有一句话，说得真好：“于千万人之中遇见你所遇见的人，于千万年之中时间的无涯的荒野里，没有早一步，也没有晚一步，正巧赶上了，那也没有什么别的可说，唯有轻轻问一句：哦，你也在这里吗？”

正如那一泡让人感动的茶。那一片树叶穿越了2800年的时光，在一个春天的早晨萌芽，被一个人采到做成茶叶，辗转千里来到我的手中；那一瓶水，在遥远的长白山，经过了无数次的冰雪水雾，凝聚成一股山泉，现在正好在一把源自遥远的日本，100年前的匠人亲手打造的铁壶里凉到85摄氏度；还有冬天下午的时光，面对的人，正好我们安静下来，心中不被俗世的功名利禄种种欲望牵引，安心于面前的这泡茶……当那个味道在舌尖绽放，感动升起。那是无数种因缘精妙的和合。

03

少年的时候，我们读诗：床前明月光，疑是地上霜。举头望明月，低头思故乡。我们只是背诵，甚至我们厌烦，我们那时看到月亮，可能并没有什么感觉。而当我们今天漂泊在外，有一天在异乡的酒店里，孤独一个人，想起往事，踯躅惆怅，柔肠百结。我们推开窗户，明月当空，清辉遍地。几十年前无数次背诵过的那一首诗，1000 多年前李白写这首诗时的情绪，瞬间击中了我们——举头望明月，低头思故乡。

去年某天一大早，我在首都机场坐飞机。彼时天刚亮，我站在航站楼巨大的玻璃幕墙前面，看着广袤的华北平原的天边，慢慢泛出鱼肚白，远处的几架飞机影影绰绰，身后是拖着行李匆忙走过的旅人。忽然一种情绪击中我，一句诗瞬间浮现出来：人生天地间，忽如远行客。

04

我在这里想说的是什么呢？当我们经验一件事物的时候——当然，首先是最直接的体验，那是没有经过任何概念和心智污染的、最为直接的经验。就好像，我们吃一颗荔枝，当那颗莹白的荔枝入口咬破，鲜甜的汁液绽放——荔枝的味道最直接地被我们所经验。但同时，我们心中也会升起那一句诗：一骑红尘妃子笑，无人知是荔枝来。

我们并不因为知道了这首诗，知道了那些关于荔枝的种种文化和传说，便丧失了直接品尝荔枝的直接经验。那些美丽的诗，那些关于荔枝的散文，让我们在品尝荔枝的时候，感受了更为丰富的体验。我们看到秋天的黄叶在风中飘落，我们每个人都看到同样的这种场景。有些人浮现出“无边落木萧萧下，不尽长江滚滚来”，而另一些人想起路遥的《黄叶在秋风中飘落》；有些人回忆起若干年前，在秋天的树林里的浪漫爱情，而另一些人，只是看着这些落叶什么想法也没有……

05

电影《怦然心动》中，有一段非常好的台词：Some of us get dipped in flat，some in satin，some in gloss. But every once in a while you find someone who’s iridescent，and when you do，nothing will ever compare. 韩寒翻译得极好：“有人住高楼，有人处深沟，有人光万丈，有人一身锈。世人万千种，浮云莫去求，斯人若彩虹，遇上方知有。”如果我们在爱情中，不经历这样那样的狗血剧情，不遇到这样那样的“人渣”男友，我们怎么可能遇到那个如同彩虹一样美好的人呢？即便遇到了，我们也无法认出来；即便认出来，也不是我们当时想要的；即便是我们当时想要的，他也会被我们吓跑；即便他没有被吓跑，我们也会把他折腾成人渣。正如之前所说：如果没有饥饿，就无所谓美食。

所以，当我们不再受这样那样的自我模式所控制，我们不但经验鲜活的当下，同时那些与当下相关的记忆，自然地涌现出来，如同烘云托月般，让当下的经验更为丰富。月还是月，云依然是云，但有了云的烘托，那轮月便有了更丰富的意味。

06

所以，每个人的生命质地是不同的。说到底，生命只是体验。某次，有朋友问到慈悲，无缘之慈，大体同悲。是的，真正的慈悲必然只能从无我处升起。当我们看破自我的虚妄，挣脱我们的那些自我的模式，我们所有的人生经验，都将转化为无尽的宝藏。

一个经历过赌博，深深地吃过赌博苦头的人，才能更了解一个陷在赌博深渊里的人的心情和痛苦；一个经历过痛苦的童年的人，才更能体会那些童年被控制被扭曲被摧残的人的心情；一个曾在爱情婚姻中反反复复，相互纠缠相互折磨相互伤害的人，才能更理解那些在爱情中受苦的人……

尽管我们在其中的时候，真的是苦不堪言。但当我们挣脱了，超越了，这个经验就变成一种深切感受的能力，变成一种超拔他人的力量。

07

本质上，每个生命都是一体的。但我们并不这样认为，因为它被那些我执所遮覆，被那些妄想执着所掩盖。我们太关注这个“我”了，以至于我们不能看到别人，不能看到更多更丰富的面向。一颗开满花的树，是那样美丽。我们同时既是那棵树，也是那一朵花。诚然每一朵花都是不同的，每一片叶子都是不同的。如果我们执着于我们是一朵花一片叶子，我们便不能真正感受到另一朵花另一片叶子。只有当我们了解，我们是那棵树本身，这棵树通过每一片树叶，每一朵花，每一根枝丫来体验它自己。如此，那所谓的无缘之慈，同体大悲，才真正升起。还需要什么缘呢？我们本是一体。

周星驰的电影《西游·伏妖篇》里有句台词：“有过痛苦，方知众生痛苦。有过执着，放下执着。有过牵挂，了无牵挂。”

爱情，是两个生命高强度的连接

本篇分享：突破轮回的两性关系。

01

我们小时候看童话，每到“王子和公主从此幸福地生活在一起”就戛然而止。于是那时，我们就觉得经历过千辛万苦后，王子和公主当真幸福地生活在一起了。如果我们要想一想，王子和公主究竟有没有幸福地生活在一起，立马觉得兴味索然，那有什么好想的？无非吃饭睡觉造小人呗！如果再仔细想一想，可能就是聊天、吵架、重归于好，然后又是聊天、吵架、重归于好……直到最后，天也没啥好聊的，架也吵累了，每次吵架都是那几句，实在没话可说，只好各玩各的。

在我们没有结婚之前，恋爱的时候，因为激情的驱使，因为“你还不属于我，我还不属于你”的不安全感，总会不断地翻出新花样。然后，终于走到了婚姻。当然，也有那种谈了七八年也不结婚的。事实上，他们依然面临着如同婚姻一样的困境。

02

中国有一个诗人，名叫穆旦，写过一组爱情诗——《诗八首》。这组诗被誉为20世纪最伟大的中文爱情诗。这组诗的第六首，非常好，非常有意思，说的正是这样的困境。

诗八首·第六

相同和相同溶为怠倦，
在差别间又凝固着陌生；
是一条多么危险的窄路里，
我制造自己在那上面旅行。

他存在，听从我底指使，
他保护，而把我留在孤独里，
他底痛苦是不断的寻求
你底秩序，求得了又必须背离。

两个人之间的关系，就像行走在两边都是悬崖的窄道上。它是无法回头的，关系是永远无法回到过去的，尽管，我们常常希望回到过去，回到初恋、热恋的时候。当我们相处日久，那些我们共同的部分，因为太多次的重复体验，渐渐地倦怠；而对方那些我们永远无法理解的部分，又如同一个巨大的陌生。在关系的互动中，充斥着冒险、试探和不断的调和。当我们一方试图保护自己，保护即意味着封闭自己，那另一方，则马上感觉到孤独感。

03

因为爱情，是两个人高强度的连接。当我们说到连接，其实最直白的表达是什么？就是做爱。这是两个生命连接，如此形象而直接的表达。所以，爱情，男女关系，真的是高强度的连接。我们相互敞开最隐私最隐秘的部分，相互融入、相互融合，在连接中你中有我，我中有你，甚至在达到“忘我”的地步。但是，依然不能逃脱“轮回”的命运。

是的，轮回。这才是我想说的重点。正如上面诗歌最后那一句：你的秩序，求得了又必须背离。两个人的关系，总是在不断地试探，不断地调整。当调整到一个双方都舒适的阶段，然后关系阶段性地稳定下来。然后这个模式，被关系的双方反复地经验——直到双方或某一方感到厌倦。

04

然后新的试探开始了，双方开始逐步调整，关系进入新的阶段。但是，问题在于，往往一个模式一方已经厌倦了，而另一方还未厌倦。那这个时候，另一方可能将就着继续重复这个模式。或者双方都缺乏引领对方进入关系新阶段的力量，新的模式便不能得以展开。于是，轮回产生了。如果我们回头看我们的爱情关系，夫妻关系，如果它有问题，一定是因为我们的关系持久地陷入了轮回。

生命总是希望经验更丰富的东西，不一样的东西。然而，不幸的是，自我希望活在秩序里。因为秩序意味着安全。所以，如果我们与另一半已经很长时间有问题了，那一定是因为我们的关系陷入了轮回。我们需要去看到这个轮回的模式，去看到夫妻之间，情侣之间究竟在重复着一种什么样的模式，在这个模式中，双方各自扮演着怎样的角色。但这依然不是我要说的重点。

05

我想说的是，我们需要有引领关系进入新阶段的力量。如果关系的双方，都不具有这种力量，那就会在轮回中受苦。直到关系的一方再也无法忍受，于是要么死而后生，撕扯着开展出关系的新的阶段，这是很痛苦的；要么另外开展新的关系——另寻他人。但是，如果我们不具备这种审视轮回关系模式的能力，即便我们换人，开展新的关系，也总会在未来的某个时候，再次陷入轮回。

建立秩序—适应秩序—厌烦秩序—打破秩序—建立新的秩

序—适应秩序……这就是关系的基本发展规律。

06

所以，来到我们分享的重点：我们要具备审视双方关系模式的能力；主动引领关系进入新的阶段。

要看到自己所处的关系，处于一个什么样的模式，或者处于一个什么样的阶段，这是十分困难的。不识庐山真面目，只缘身在此山中。我们自己就是关系中的部分，这太难了。我们有经验，都知道看别人洞若观火，要看自己，那就是灯下黑。所以，我们经常反复地说，要去练习地“看自己”才显得如此重要。

我们经由反复的练习，内观也好，禅修也好，打坐，拜忏等，其实都是在练习一个能力——跳出自己看自己的能力。只有当我们能跳出自己看自己，能够不再以自我为中心地看问题，才可能看得见这段纠缠如此深的关系，究竟处于什么样的阶段；在这个关系的模式里，我们分别扮演着什么样的角色。

07

当我们具备这样去看的能力，才有可能在关系走到僵局之前，主动引领关系进入新的阶段。两个人的关系是瞬息万变的，我们身处其中，时刻感受。但又能时刻清晰地看到彼此，感受到关系微妙的变化。这，太难了——全情投入，却又全然疏离。所以，我们回到刚才所说的两个重点。事实上这两个重点是一回事：只有当我们真正看到了关系的模式，双方在模式中所处的位置，才有可能有力量，主动将关系引领至一个新的阶段。所以——主动的力量，来自清明地看见。

08

记得去年有一位朋友，找我算卦，问我他是否要和老婆离婚。当时得出的卦象是："否卦，动爻九五，变卦晋卦。"否卦乃

阴阳不交，闭塞不通，大往小来之象。看起来，那就是一个“离”字。但，有意思的九五爻来了——九五：休否。大人吉。其亡其亡，系于苞桑。

结束这个否闭的坏情况，需要有勇力、愿心和智慧的“大人”。时刻想着快要结束了，快要结束了，才能稳固如系在丛生的桑树上。他并没有告诉我们婚姻能不能挽救，也没有告诉我们是否应该挽救，但是他却告诉了我们结束坏情况的方法：把每一天当作婚姻的最后一天来过。如果我们的婚姻只有最后一天了，你会怎么对她？你会怎么对待这个婚姻？当你诚实地思考这个问题，答案自在其中。答案永远不会来自我们之外，不是吗？

“其亡其亡，系于苞桑。”真有一点孟子“生于忧患”的意思。而能做到这一点的人自然能结束否闭，自昭明德，走向如日初升的新一天。所以，要结束一段痛苦轮回的关系，需要两个人中出现一位“大人”。这个“大人”，需要具备跳出自己，跳出关系的双方，如实看到问题本质的智慧；更需要主动引领关系走向新阶段的力量。听起来，这就是男人干的活。但，并不是这样的。我们每一个人，都应该可以做到。

甚至，我们都应该自己主动去做那样一个人，去做那个主动引领关系进入新阶段的人。

伟大的法流

摊开的手掌
好像什么也没有
但一切都流经它

握紧的手掌
好像抓住了什么
但错过了一切

——摘自《波纹》

01

若说这个分享的因缘，主要还是因为认识了希彦老师，看了他的《道鉴伤寒论》。去年年底，和希彦老师在罗源龙华寺一起过年。有一次我们一边爬山，一边聊天。我说，《道鉴伤寒论》，这个书的名字很好。记得以前你说过，这个书的名字为什么叫

《道鉴伤寒论》——用道的思维来解析伤寒论。因为，人体自有其运行规律，这个规律就是天地之大道。那这个大道是什么呢？我们若粗粗读过《道德经》也大概知道，无非顺势而为、顺其自然而已。

医药，只有顺应人体自身的运作方式，顺应人体自身解决疾病的大势，才能起到真正的效果。但这并非我分享的重点。

02

前段时间，我专门写了一篇文章，推荐希彦老师的这本书，我个人对希彦老师也很推崇。但我想说的是，我真正敬畏的不是希彦老师，而是法。

那次在龙华寺后山，我和希彦老师说：希彦老师，你有没有感觉到宏大的法流？在这个宏大的法流面前，我们都不算什么，甚至张仲景也不算什么。当然，张仲景是伟大的，但是更伟大的是法流。甚而，在这伟大的法的洪流里，张仲景，刘希彦，都只是法流里的一滴水珠。这个法流，无始以来，亘古至今一直存在，我们一直就在法流里。只是，我们并没有发现而已。然而，那些上古的圣人们，那些《黄帝内经》的作者们发现了，张仲景发现了，刘希彦发现了，以后也会被其他人所发现。火，可能转入地下，但火是永不会灭的。

03

2500 多年前，出家追寻真理的释迦牟尼，历经艰苦的寻找后，在一棵菩提树下坐定，发誓不找到宇宙人生的真理，誓死不起坐。终于在第七天凌晨，抬头望见天际的明星而悟道，他说了一句话：一切众生，皆具如来智慧德相，因妄想执着不能证得。

我们一直都生活在真理中，我们每个人都具备认识真理的能力，但因妄想执着而不能认出来。释迦牟尼并没有发明或创造出一个什么东西，他只是发现。他只是发现亘古以来，一切悟者都发现了的“东西”。

存在本具的智慧一直都在，只是有人发现了它。如此而已！释迦牟尼不是第一个发现的，也不会是最后一个发现的。当然，这并不有损释迦牟尼作为一个伟大的导师。

04

所以，什么是法流呢？法流就是存在本具的智慧。但这依然不是我所说的重点。我核心想说的，其实是谦卑与敬畏。如果你真正看到了那伟大的法流，你会渐渐地知道，“自我”是不存在的。或者，我们可以这样说，你唯一能做的，就是渐渐地消融掉自我，融入那伟大的法流。

当我们发现法流，看到那伟大法流的精妙，不可抵挡，不可违抗，我们就能清楚地看到自我的每一次妄作，和每一次妄作的徒劳和可笑。由此，我们自然地升起谦卑。当然，我们只是用“谦卑”这个词，一个真正发现法流、融入法流的人，他只是越来越自然。

05

那么，似乎，我们看起来有骄狂的人，有自大的人，他们是不是不在法流里呢？不，概莫能外，每个人都在宏大的法流里。如果你真的发现了法流，便会发现存在无比精密的“安排”——每个人都走在他“应该”走的道路上。所以，每个人本自解脱，每个人当下即可解脱。

只要你发现了这个宏大法流——存在本具的智慧。

当然，从发现这个宏大的法流，到发现它的全貌，我们完全地消融，成为这个法流，需要“永恒的时间”。而永恒的时间，勤苦的功用，犹如一念。

第二章

怀疑，
是正信的开始

爬上山顶后
我们该何去何从
每一步阶梯都崩塌了
脚下的也在不断崩塌

当我们品尝过蜜中之蜜
乳中之乳
怎么能忍受这味道淡去
或接受它变成另外的样子
我们无法期待的样子

——摘自《波纹》

01

分享之前，说点闲话。

今年我的主题分享渐渐地有些少了，我想除了持续地对经典进行分享，这种主题的分享会越来越少。一方面，我好像越来越没什么好说的了——我已经说得太多了。另一方面，大家的领悟也在持续地深入，我更希望是透过大家真正的问题，来进行深入的讨论。因为唯有你真正的问题能够引领你持续前行。那什么才是真正的问题呢？

前几天我正在竹山书院带共修，雅桐在她的群里说了一段话，我当时没来得及回复，后来也就没有回复的欲望了。转发到这里，大家都可以看看。

.02

雅桐：想象铸成人类的灵魂，灵魂让我们得抑郁症，也是希望诞生的地方，说到底，都是想象，当无法同时觉察到是想象时，它们就成了佛家说的“妄念”。妄念不仅带给人“痛苦”，更带给人“快乐”，但佛陀在菩提树下了悟到的，是这一切之下的根本的苦，和根本的解脱。难道解脱，是像猩猩一样活在当下？

dh：想象，很有趣的话题。最近观察多人开会讨论，发现最终变成观点之争，攻击或认同某人关于事情的看法，而不是集中于事情的问题到底出在哪里。观点，是个人对事情的想象。做技术，非常需要想象，一个现象出来，需要想象才能试图分析理解，才能尝试改进解决问题，只是后面多了一个验证过程，反复想象和验证，去接近事实。造成困扰，难道是因为想象就信了，缺少与事实比对的过程？还是想象与事实不符，这种矛盾使人纠结于不符的感觉，而不再追究不符的原因？

cs：《人类简史》这本书也提到这样的研究，只有人类才能交流一个根本不存在的东西，比如国家这样的概念。

雅桐：@dh　技术层面的“想象”可能还有“事实”验证，哲学意义上的想象则无比微妙，在高度专注地寻求这个意义上的事实时，产生“不用求真，唯须息见”。当然，对我们普通人而言，不必如此极致。对日用人生的益处，可能在于观念的松动。可是观念的松动不是又一次的非此即彼：吸烟有害，变成吸烟无害之类……而是培养出一种最起码的疏离。“我感觉痛苦得要死，我感觉无比愤怒，我感觉……”这是真的，因为是真实的感受；同时这不是真的，因为只是感受。真的是什么？也许无法“知道”。这有什么用？去试试吧！和鼓励疑情的波波不同，我讨厌神经质，不鼓励疑情，只希望看待自己最身边的最眼前的问题。疑情，根本不需要鼓励，若需要鼓励的，都是造作。我何必陪你造作，浪费彼此生命？

03

我并不鼓励疑情，因为那不是可以鼓励来的。广义的疑情，是指我们真实的困惑。我想雅桐这里主要指——到底什么是真的？我是什么？我为什么要活着？类似这样问题的真实困惑。我们总有真实的困惑，只是每个人都不一样，每个人在生命的不同阶段也不一样。

对永恒真理的渴望，是生命本具的。但它是另一个“阶段”的自然产物。它既永远伴随着我们，又埋藏得极深。如果我们不去处理、面对那些我们此刻切实需要去面对的情绪问题、欲望问题、关系问题，那它就只是一个用以逃避的伪命题。它什么时候会显化为一个真正的问题，一个我们不得不面对，想逃避也逃避不了的问题？我们永不会知道。也许它下一刻就来了，也许很久很久都不会来。

所以我们唯一能做的，就是认真地面对当下的问题，从最切近的我们企图逃避但却无法逃避的问题入手。这是唯一的，也是最值得去深入的生活赐予我们的“材料”。

04

我想，进入我们这个群的人，多多少少总会面临一些生活中的问题。也许是母女关系、夫妻关系问题，也许是自卑问题，也许是金钱问题，也许是工作问题……总之，它现在困扰着我们，让我们食无滋味，睡不安寝。

在这样的问题上，除了雅桐所说，保持基本的疏离之外，我的确还是有鼓励的。但是我并不是鼓励“疑情”，我鼓励的是怀疑。因为此刻，这个问题是你真正困惑的，这个“疑情”已经起了，它带着一种情绪，推动着你去寻找答案。如果我们不逃避而去直面它，那我们应该如何直面它？

大多数时候，我们只是借助我们已有的经验，固有的价值观，大家普遍的一种认为，来粗暴地进行是非判断。我鼓励的怀疑，正是针对这个粗暴的是非判断。

05

老公出轨了——我很愤怒，食不下咽睡不安枕——夫妻就应该忠贞不二——他错了，必须受到惩罚……

孩子考试居然倒数第二——我很着急，也很愤怒——他作为一个学生就应该好好学习，就应该成绩好——他错了，他的兴趣爱好都应该禁止，必须一心读书做题……

公司里同事都背奢侈品包包，穿名牌衣服，开豪车——我没钱买，很自卑，很焦急——这些就是一个人成功的标志，成功人士就是应该多赚钱被人瞧得起——我必须赚更多钱买这些东西……

今天是我的生日，他居然忘记给我买礼物了——我很伤心很沮丧——他爱我就应该记得我的生日给我买礼物——他肯定不爱我了……

我这里大概做了一个拆解：事情发生—产生情绪—根据观念，做出是非判断。观念隐藏在我们内部，甚至有些隐藏得非常深，一旦遇到外境，遇到事情，我们就产生这样那样的反应，生出各种各样的是非之心。我们的入手处应该在什么地方呢？往往，我们如果学了一点佛之类的，会把着力点放在情绪本身上——我不能愤怒，我怎么能嗔恨呢？但，这样入手只会造成压抑，然后它就在下一次更大力地爆发出来，直到我们完全无法控制它。

真正的入手处，应该是在观念上，应该去回头看引起我们情绪的原因。如果我们够敏锐，就能把刚才的那个模式倒一个顺序：事情发生—与我的观念冲突—产生情绪。

06

当我们看到了这个引起我们情绪的观念，我们应该如何入手呢？大多数时候，我们可能只会粗暴地反问：难道夫妻不应该相互忠诚吗？难道学生的任务不是学习吗？难道男朋友不应该记住女朋友的生日吗？

我们的第一反应，只是维护这个观念，更加地固化这个观念。这个时候，就需要我所鼓励的“怀疑”了。任何观念的形成，都是十分复杂的，有着深层的历史、社会等原因。

07

最后，我想说一点重点。我们要去探寻这些观念，不是为了寻找一个更正确的观念——事实上，我们要小心我们以为找到的正确的观念。一旦我们以为我们找到了“真理”，真正找到了一个问题最正确的看法，那我建议你再针对这个“绝对正确”的观念，保持怀疑——它是真的吗？

没有什么新奇的功夫，没有什么高级的法门，就是这样，对那些困扰我们的观念，一个一个地去做研究，一个一个地去深入地思考。不盲从任何人的观点，不轻信任何人的话，自己去找答案。所以大家也可以发现，每当有人提出问题，或者陈述某个观点，我并不肯定或者否定，我只是给你另外一个问题，让你去看看：它真的是这样的吗？

只有我们自己找到的，才是我们自己的。包括经典也一样，尤其是那些教条式的经典。孔子这样做，王阳明那样做……孔子是孔子，我们是我们，岂能生搬硬套？

生活是不断变化的，是时刻的选择，只有我们自己曾真正地体验过、追寻过、思考过，那个智慧才是我们的，才是从我们生命里长出来的东西，也才有真正的力量。

在万物的中心，在没有中心的中心

我在花的中心

我在云的中心

我在疼的中心

我在你的中心

我在万物的中心

我在没有中心的中心

——摘自《波纹》

@所有人　在朋友圈看到一位朋友发的东西，想起之前就想做但一直没有做的一个分享。趁此机会说一说吧，主要针对打坐的朋友们，或者修习各种身体功法的朋友们。分享的核心主题是：任何一个点都是无限的。

01

记得以前某次分享，我曾拿一粒沙子来举例，沙漠中的沙子是无限的，看起来每一粒沙子都一样。但是我们若把这些沙子放在高倍的显微镜下来看，每一粒沙子都有着不同的细节。

如果我们的眼睛具备这样的“视力”，那么，这整个看起来一样的单调的乏味的沙漠，其实就是精彩纷呈的世界。不妨想象一下，我们看到的每一粒沙子都是不一样的，那如同看见浩瀚无垠、五彩缤纷、形态各异的星云……

这里我拿沙子来做说明，其实是想说，我们把“觉察”专注在任何一样东西上，那里面都有无限的细节，我们都可以看到无限。钢琴琴键击发出一个单音符，听起来是简单的，但是如果我们把这个音用最灵敏的收音器录下来，然后放在一个长一点的时间轴上展开，其实我们可以听到非常丰富的声音。而我们再把这其中的某一点延长，里面又有更为丰富的细节，如此，直至无限。

同样地，身体的感受也是无限的。当我们在打坐或者修炼身体上的某个功法的时候，我们的觉察力变得比平常更为敏锐。我们对声音、颜色、味道、身体上升起的各种感受、出现的各种影像，将非常细致而敏感。无论我们将这个觉察，关注在哪一个点上——色、声、香、味、触……如果我们深入觉察下去，都会有无穷的细节。

在这里，我核心想说两个要注意的地方。

其一，将一切还原为它本来的样子。

之前我们分享过，自我的模式，就是对“外境”进行扭曲——造作。我们对升起的各种感受，尤其是那些平常没有的感受，比如幻象、特殊的声音、愉悦感，总之就是各种特殊的体验，会不由自主地定义它。

我们会不由自主地聚焦这些感受，然后在我们的知识中搜寻概念和定义，解读它。比如我们打坐，忽然仿佛忘记了身体的束缚，进入了无垠的空间，朗彻干净，我们马上就会定义它，呀，这是不是师傅说的，片云点太清的境界？这是不是书上说的“朝彻”？

然后我们希望留住它，希望一直待在这样的境界里，或者想，哎呀，我继续这样下去是不是就可以灵光独耀，迥脱根尘了？比如我们修炼某个功法，忽然出现了一尊巨大的闪着金光的佛像。可能我们马上就惊喜，哎呀，是不是阿弥陀佛来接引我了？或者有一点“正见”的，认为这只是一个幻象，又马上自责，唉，为什么我会出现幻象？比如在很深的冥想中，出现一些类似于“前世画面”，我们要么执取它，认它为真实不虚，为它编各种故事来解释今生的一些事情，甚至拿它来证明自己今生就是带着什么使命，就是与众不同的……或者，我们马上抗拒它，唉，我心还是不够静啊，不够干净啊，要不怎么老出这种画面呢？这些画面究竟是怎样的启示呢？总之，我们会不由自主地聚焦这些体验，然后解读它。

正确的做法是，无论出现什么体验，只是觉察它，看着它，任由它——它会出现，也会消失。把它还原为本来的样子——我说还原，其实有误导。其实无所谓还原，它只是它本来的样子。但是，我想，最初我们当然会不由自主地聚焦、解读、扭曲，当我们觉察到我们在解读和扭曲，这时候，还原还是必要的。

它不是任何，它只是它。愉悦就是愉悦，明净朗彻就是明净朗彻，佛像就是佛像，巨大的声音就是巨大的声音……一切只是它本来的样子。

03

其二，将觉察力置于更为广阔的面向。

胡因梦在为宗萨蒋扬钦哲仁波切的《正见》一书所写的推荐序上，讲了一件事："第三次见到仁波切，我正面临严重的气脉上的困境，晚饭过后，他安静地看了我一眼，便立即提出了只有过来人才具备的洞见：他建议我把注意力由内向外拓展开来，不要再缩小焦点于身上的经络变化。他的指点解除了我多年来对色身的过度认同，同时也令我深深领略克氏指出的'自力救济之道'有多么强人所难了。老师毕竟还是有作用的。"

常年打坐，闭关修习某一个功法时，我们常常会面临这样的问题。我们的觉察越来越敏锐，身体也会发生一些变化，而我们对身体的这些变化会有非常清晰的感知。但由于根深蒂固的"身见”，我们会过分地关注身体上的变化。正如前面所说，任何一个点，其实我们将觉察力聚焦于此，并深入下去，都会呈现出无限的细节。换句话说，我们对身体的感知，可以是无限的，永远没有一个头。这个时候，宗萨仁波切的这个建议就非常适用了，尝试将我们的觉察向外拓展。

之前我们分享《中庸》，曾提到过一句话：“致广大、尽精微。”当我们觉察到我们的注意力深陷于身体某一个非常细微的感受，很难走出来的时候，不妨将这个觉察力朝向更广大的面向。我们不仅仅看到一粒沙子的精彩纷呈无限丰富的内部世界，也看到起伏的沙丘，无垠的沙漠；我们不仅听到一个单音节音符无穷的细节，也听到音符与音符之间的和谐转换，听到乐句，听到旋律，听到优美的乐曲；我们不仅看到花瓣上的花粉、花儿的细胞，也直接看到这朵美丽的花儿……

04

经典说：“其大无外，其小无内。”我们只是单一地朝向外或者内，都是走极端——当然，我们也不可能永远只是朝向一个面向。最终，我们会“来到”那个地方，我们一直在那个地方——我们在万物的中心，在没有中心的中心。

正确地花钱是很难的

只有最单纯的人

才能从矛盾的表达中领悟到真理

而聪明人陷入矛盾之中。

——摘自《波纹》

01

事情的缘起，是因为一个朋友。她本身是做理财的，之前也在财富上有很多的困惑，甚至匮乏，后来她意识到了这一点，并为此做了很多的思考。后来她开了一个公众号，开始写读书的心得，但最近她打算在公众号上写一些自己擅长的领域，关于“财商”。

因为她觉得，现在市场上的关于财富的课程，公众号的文章，都是教人怎么赚钱的，但事实上，这不仅仅是一个怎么赚钱的问题，而更多的是一个怎么看待金钱的问题。因为金钱只是一个表象，那后面是我们深深的匮乏和恐惧，它只是表达为“钱不够”。

如果我们对金钱没有一个正确的观念，仅仅教授赚钱的技巧，即使赚多少钱，都是没有什么意义的。后来我们聊了聊，我非常支持她分享这个，因为她也有自己的亲身经历，也有很多的案例。

02

回头说说我自己。

我自己呢，之前也没赚多少钱，因为我以前也是一个打工的。即便在我工资最高的时候，存款也没有超过 30 万。（我收入最高的时候，年收入大概 50 万吧，我算是工资涨得飞快了，我在同一家公司，7 年工资翻了差不多 20 倍。）我的家庭条件也一般，我出生在四川偏远的农村，父亲是医生，虽然在当地还算不错，但是比起有钱人，那完全是两个概念。在我的印象里，我父亲赚钱最多的时候，年收入估计也没超过 20 万。因为在农村，花钱的地方少，所以生活还是比较丰裕，起码吃穿不愁吧！

我从小没有对金钱有过匮乏感——这并不是说我不缺钱花，而是，我对金钱没什么匮乏，这中间是有差别的。所以我也没有做过任何单纯只为赚钱的事情。我做广告是因为喜欢，后来创业做传统文化也是因为喜欢，现在做公众号开微信群也是因为喜欢，微店卖点东西也是因为我自己就过这样的生活，我自己就喜欢琴棋书画诗酒茶，顺手的事！所以我也从来不理财，不炒股……

不是说我不喜欢钱，我也喜欢钱，但是确实对单纯为了赚钱而赚钱的事情没有兴趣。当然，我自己花钱也是比较随意的，基本上喜欢什么就买——太贵重的东西买不起。我的钱都是零碎地花掉的，好像也没什么存钱买房买车的想法。但是我会花很贵的钱买张琴，买点茶或茶具，买根尺八[①]，买点小玩意……我做喜欢的事挣钱，在自己喜欢上的事情上花钱。基本上就是这样。

03

我对如何花钱好像没什么说的资格，因为我确实没什么“血的教训”，没有大手笔花过钱，也没有花过多少钱。不过，另一个方面来说，正是因为我对金钱没什么匮乏，所以也没什么“问题”，可以相对客观地分享一下我的看法吧！

言归正传，今晚我主要分享花钱的问题。我们先将花钱粗略地分为三个方向：

a. 花钱作恶；

① 尺八：中国吴地传统乐器，宋代时经由当时日本的遣唐僧东传日本，保留至今。

b. 花钱为自己享受；

c. 花钱为了爱和创造。

04

首先，我们来看第一个：花钱作恶。

我相信这个群里的人，都还是有基本的判断，不会花钱去作恶的。但是我们要小心一些状况，这些状况可能没有作恶这么严重，但是它们非常值得警惕。比如我们有亲朋甚或我们自己，有吸毒、赌博的恶习；或者我们的孩子，兄弟姐妹，喜欢乱花钱暴饮暴食；或者我们有亲朋，就是对金钱匮乏，到处借钱搞高利贷、杠杆什么的……这就值得注意了。如果我们为这些花钱或者借钱，它就有点近似于“作恶”了。虽然有时候我们表现为，唉，我是他亲人，我能怎么样？看着他吸毒赌博搞完钱没饭吃吗？

总之这个部分，我们要注意的是，不要拿钱去助长自己或他人的恶习。那是害人害己的。

05

然后我们来看第二个部分：为自己享受。

这个部分，我们要小心的是什么呢？首先我想说的是，我们为自己花钱，这是一种福报。既然是福报，每一次我们为自己花钱，那就是一种消耗。我的意思不是说我们不能花钱为自己买好吃的好穿的或者享受。我的意思是，不要贪得无厌，不要浪费。

我们打开我们的衣柜，可能会发现无数的包包、无数的衣服、无数的鞋子，冰箱里很久不吃坏掉丢掉的东西很多，或者我们去餐厅点餐，点了一桌子的菜，结果吃不完浪费掉……毫无疑问，这都是损福报的事情。

事实上，我们并不需要穿那么多，吃那么多，买那么多东西。我说这个，是因为我自己也有这样的恶习。去年和今年，我分两次将我这些年不太穿的衣服鞋子统统打包，寄回家或者捐出去时才发现，原来我买了这么多的东西；甚至前几天我去餐厅点餐，还点多了，浪费了不少；最近两年我又发疯般着迷茶席上的东西，茶桌换了好几个，又买了好多茶具什么的，壶有几十把建水、十几个杯子、几十个壶承、几十个……好在我送出去了一些，开微店又卖掉了一些。如果我们回头来看，其中无疑都隐藏了我们各种各样的证明、匮乏、炫耀等等。

有可能我们花了几万块出国旅游一趟，但是这并没有任何问题，而我们在一个小饭馆吃饭，花了几百块点了七八个菜最后吃不掉丢掉，这个是有问题的。有可能我们买一双喜欢的皮鞋，花几千块这没有任何问题，而在淘宝上看到打折衣服，胡乱买七八件，最后好几件穿都没穿，这是有问题的。

这中间的差别，我想大家都看得出来。这里和花多少钱其实关系不大，核心还是在我们自己的心。我们并不反对为自己花钱，也不反对享受，甚至不反对花很多钱享受。但我们要警惕我们的贪欲，不要浪费。福报要珍惜，适可而止就好了。

06

第三个部分：为了爱和创造。

这个部分我之前在分享《道德经》的时候提到过。雅桐曾说："单纯的财富积累，是与实相相悖的。"但是呢，财富的积累几乎是必然的。因为如果没有财富的积累，我们这个世界可能很多事情无法进行。尤其是那些需要大量的财富来做的事情，比如科学研究、产品的开发、公共设施的投入、对弱势群体的救助等。所以，我在那次的分享中说，老天把这么多财富交到你手上，是要你去为了爱创造的。如果你有很多的财富，你个人可能这一辈子都花不完，那么你可能就要考虑这些问题了。

有的人可能想到钱是未来的保障，或者为后代为孩子留遗产。这也没什么错，不过呢我们也要想到，所谓未来的保障，我们还不知道未来和意外哪个先来呢！甚至，你可能为了持续保有这些钱不贬值，为了保持有钱人的奢侈的生活状态，或者保持这个数字不变小持续稳定地增长，而一生做它的奴隶。

而留给孩子留给后代嘛，孩子有孩子的人生，他有他的未来。说句不好听的话，还不知道你留给孩子的究竟是财富还是祸患呢！与其直接给孩子留钱财不动产这些东西，不如给他更多的可能，让他学习知识技能，开阔眼界，开拓能力，多见见高人长长见识什么的……

所以呢，第三个部分花钱，我是建议大家做慈善做公益。古人说，升米恩，斗米仇。没有正见，可能我们连公益慈善都做不好。

07

不知道大家有没有发现，其实花钱是很难的一件事，能花得皆大欢喜，可能比挣钱还难。好了，拉拉杂杂说了很多，我其实也是想给自己提个醒吧！总结一下：不要花钱作恶，也不要用钱助长自己和他人的恶习；为自己花钱，享受，都是可以的，但是要注意自己的贪欲，不要浪费，福报要好好珍惜，尽量不要做损福报的事情；为爱花钱，为创造更美好的世界而花钱。当然，最后，最最重要的是：我们每花一笔钱，都要认真看看自己为什么花钱。

把这个当作一个功课，养成习惯，每次花钱的时候，争取都提醒自己好好看一看。可能我们一开始，不能看得那么清楚，不过没关系，我们也要去看。因为这个看，会越来越深入，会越来越多地看到一些我们之前看不到的东西；这个看，也会越来越清晰，欲望、匮乏、安全感、证明、爱、享受……那些可能交织在一起模糊一团的东西，会渐渐地纤毫毕现地展现在我们面前。保持这样一个习惯，保持这样一颗心，我们总会看得越来越清楚的。

你所做的事，是在滋养你还是在消耗你

xy：我们所栖居的空间，取决于自身的气场能否把它填充满，满则其他的诸如邪气、秽气等就不会入侵，也侵入不进来，影响不到自身。如果填不满，那么，谁也不晓得和你同居一室的还有什么了，一旦是外来气场压制住了你自身的正气，那么你的健康、工作和生活都会受到莫名其妙的影响。诸如抑郁，各种不顺利等。

现在的人们都追求大的居住空间，但是实际住的并不舒适，正是因为这个原因。我父母他们那一圈做生意的人，很多人喜欢买很多房子（而且是越大越好的房子）。放在名下但是不去住，就让房子在那里落灰也不愿意租给别人……记得我以前学风水的时候，老师说这房子总归是要填补能量进去的……人不去住就会有别的东西住进去，这样阴性的能量多了也会影响房东的身体、财运等。所以一般搬新家前都会做个什么仪式把这里的“原住民”请出去以后再住的。

吕波：的确如此。我有一次和叶老师去他之前设计的一个地方，非常有名的地方，很大很大。我见到那个老板，一个 40 岁左右的女人，因为里面加上工作人员也不多，那个女人整个被耗得快不行了。大房子耗起人来厉害极了。

其实任何东西都是一样的，不仅仅房子，我们的工作、爱好等莫不如是。这个从中国人喜欢养东西就可见一斑。有好多次，我都想分享一个话题，但是后来都打住了，因为那太难拿捏。就是讲这个：人与事物，滋养与消耗。

01

中国人喜欢和田玉，人可以把玉养得温润，而反过来玉也会把人养得温婉宽厚。玉养人，人养玉。或者我们看到喜欢养兰花的人，人可以把兰花养得很漂亮，反过来兰花也可以把人的气质养得清雅。人养兰，兰养人。这其实是中国人所追求的，人与物之间的关系。

我们做一项工作也是一样的。如果这件事它不能养你，只是消耗你，我可以负责任地告诉你，你肯定在干一件你不喜欢的事，你只是因为责任、虚荣、恐惧……在干这件事。比如弹琴也是一样的，我越弹琴，琴会越来越松透，声音越来越和谐；而我也在琴里得到滋养，声音的、身体的、精神的滋养。

但是呢，这个东西看对谁说。对于一个要考音乐学院、每天必须噼里啪啦弹七八个小时的人来说呢？或者对那种自己不喜欢，只是被父母逼迫去弹的人来说呢？那只能是一个消耗。

02

所以呢，这里存在两个问题。

第一个，我们究竟喜欢并适合什么样的事情，什么样的东西？我们不可能什么工作都喜欢，因为我们每个人的特质、性情全都不一样。有些人就是喜欢工程、机械、逻辑、推理、严谨……有些人就是喜欢创意、天马行空、想象……

这在世界上的各个民族性上也体现得淋漓尽致，比如德国人的严谨和刻板，法国人的浪漫，中国人保守谨慎，美国人大方热情……你让中国人或法国人做精密机械，估计很难做过德国人；但是德国人，肯定也很难发展出中国那样的美食。

扯远了。我其实想说的是，每个人的性情、气质、特长都不同，我们需要做的是去发现和发展自己的爱好和特质。而这也是教育的真意。

03

如此我们可以找到自己喜欢做的事情，自己喜欢的生活。对于一个人是滋养的事情，可能对于另一个人来说，就是消耗。所以我们根本没必要，非要对方认可、喜欢我们的喜好，或我们从事的事情。

那怎么区分一件事情不适合我和我是出于各种怕难或是贪心？这个得你自己去判断，它需要我们基本的自省能力以及长期的对觉察的训练，也就是能看到自己。

我举个例子，比如我当初弹琴的时候，我当然知道自己是真喜欢。因为我那时候每天练四五个小时，下班后晚 8 点开始一直练到凌晨。有时候出差，几天碰不到琴就觉得难受，手痒。就像对爱打游戏的孩子来说，你不让他打他才难受呢。

当你真正喜欢一件事，做的过程本身就是快乐的，当你真正喜欢一件事，每一刻都是结果，过程即是结果。

04

第二个，我们做这件事情，这个东西度在哪里？即便我们非常喜欢一样东西，它也是有度的，过了这个度，滋养就变成了消耗。我说这个的意思，并不是说我们做自己喜欢的事，就不会遇到痛苦、烦恼和困难，不会累、辛苦、麻烦……不是的，这些我们都会遇到，但它最终都会转化为“滋养”的部分。

其实我想说的是，“痛而不苦”的意思。那这个度，究竟怎么拿捏呢？我们做一件事，究竟做到什么程度它在养我，做到什么程度它就在消耗我了呢？其实我用“程度”这个词不太精确，我的意思并不是说你为了一件事废寝忘食，这件事就是在消耗你。若非一番寒彻骨，哪得梅花扑鼻香，任何事都值得喜欢它的人全情投入，甚至于献出整个生命。因为最终人就是事、事就是人，人事不二。

那个消耗，对于生命的消耗，其实来自“自我”。当你想要证明，想要炫耀，想要控制……它就从滋养变成了消耗。你看，我们做一件事，之所以感到很烦恼，很消耗，一定是要么我们根本不喜欢这件事，要么我们企图和别人比，企图让别人觉得我怎么样……

05

拉拉杂杂，差不多就这些。另外，关系其实也是一样的，但是关系比这个复杂得多。我们可以好好养兰花，好好养和田玉，好好养紫砂壶……但是关系太难了，那是非常复杂的互动，要在关系里看到，真是太难了。需要非常精微，非常深入的觉察能力。所以，《一代宗师》里才说：见自己、见天地、见众生。能见众生，那太难太难了。不过这个话题以后可以分享。以后有机会再说啦。

今天我分享的不重要，但是这个话题很好。大家可以对照自己做的事看看，这件事是在滋养你还是在消耗你？是滋养你多点还是消耗你多一点？好了，我说完了。以下为群内部分讨论：

zj：有时候没得选择，得想办法把消耗变成滋养。

吕波：我们永远都有选择。所谓没得选择，那些限制条件，我们倒是可以好好看看呢！

lzhm：是不是消耗和滋养也互为成就。生活中难免会有消耗我们精力的事，无论责任也好还是其他必须去做的。还有一种，因为是自己纯粹喜欢而去做，这样便是滋养了。二者在现实生活中都是真实存在的。当然，做自己喜欢的事情，是不足以向外人道的。也不会去考虑是滋养还是消耗了。因为彼时彼刻，你已乐在其中。我在想，倘若我们的这一生没有自己喜欢做的事，那生而为人真的蛮抱歉的。所以，这件事值得我们拼了命地找寻，尝试。

在时光中闪光

时间会留下那些真正闪光的东西。

01

最近买了一套书，黄永玉先生的《无愁河的浪荡汉子·朱雀城》，刚刚看起来。黄永玉先生 90 多岁高龄才开始动笔，一写就是六大本，而且还是他要写的“朱雀城”三部曲的第一部。这一部主要写抗战前，他小时候的事。另外还有两部，抗战时期和解放后的。祝愿他老人家身体康健，能全部写完，而我们得以看到。

这第一部《无愁河的浪荡汉子》，主要写他小时候的事情，他生活在湖南。书里描写的湖南的生活场景，说话的样子、语气、方言，全都细致入微。简直让人惊奇一个 90 岁的老头儿，想起小时候的事情居然那么清晰。有时候我们看到，很多老人都健忘，刚刚放下的东西，就忘记放在哪里了，刚刚上过厕所就忘记自己已经上过了……但是他们对于小时候的事情，反而慢慢地记得，而且非常清晰。然后我就想，这是为什么呢？

02

为什么一个老人，可能刚才做过的事情都忘了，可能前几十年的事情都忘了，那些生活中经历的坎坷，那些得意的功名，那些骄人的事业，那些伤痛的回忆可能都忘了……但是他却能记起小时候的那些画面，那些声音，那些味道……

还有，我们能看到老人特别喜欢孩子，和孩子说话聊天。人生的结尾和开头，奇迹般地相遇了，如此安详而和谐。然后我就想，时间真是一个非常神奇的东西，它会过滤掉那些我们自以为的“丰功伟绩”、那些我们以为重要的东西，而留下那些我们最不容易珍视但却最“珍贵”的东西。

对于一个个人来说，对于黄永玉这样的老人来说，他可能已经不记得卖过多少高价的画，见过多少有名有地位的人，去过多少豪华的地方……但他却能记起小时候的院子，古旧房子里的窗台，甚至祖母房间里的味道，湖南小孩子说话的语气和声调，记得拿一只绿头大苍蝇，去引一窝蚂蚁出来……记得那些单纯的美好。

03

而对于一个民族而言，在我看来也是一样的。

2000 多年前的《诗经》里那个男子，爱上在河边采野菜的女孩子，晚上睡不着觉；和今天一个单相思的男高中生，爱上班上那个活泼的女孩子，那种心情有什么区别呢？

900 年前的春天，苏轼写“花褪残红青杏小”；900 多年后，我读高中时，在教室的窗边，看见窗外那株雨后的杏树，残红褪尽，青杏隐约，那种春暮的难以言说的惆怅，想来也差相仿佛吧！

去年冬天，我们一行人去苏州的同里古镇，路上忽然看到一个路牌：吴江。倏然，那首蒋捷的词《一剪梅·舟过吴江》冒出了脑海。那一瞬间，特别神奇你知道吗？那个在古典诗词里出现的地方，忽然出现在你的面前，仿佛带着那首词的所有的细节，味道、声音，包括那种感情和情绪，也一并出现在你的面前。

一剪梅·舟过吴江

［宋］蒋捷

一片春愁待酒浇，
江上舟摇，楼上帘招。
秋娘渡与泰娘桥，
风又飘飘，雨又萧萧。

何日归家洗客袍，
银字笙调，心字香烧。
流光容易把人抛，
红了樱桃，绿了芭蕉。

04

今年春天，雾霾最严重的时候，我去了趟山东的青州。去了后才知道，原来这里是宋代金石学家赵明诚上班的地方，他和他的妻子李清照，曾在这里度过最愉快的时光。然后我就想起那些李清照年轻时候写过的美好的词。我看到她故居前的那个湖就想，她喝醉了误入藕花深处，是不是就是在这个湖里？我看到她卧室小小的窗，就想她窗外以前是不是种过芭蕉？种过海棠？种过黄花？她是不是曾在一个春天的早上，慵懒地在床上和侍女对话？

如梦令·昨夜雨疏风骤

［宋］李清照

昨夜雨疏风骤，
浓睡不消残酒。
试问卷帘人，
却道海棠依旧。
知否？知否？
应是绿肥红瘦。

还有，我之前分享过的，去年有一天一大早，我在首都机场，看到天边微白，看到机场里拖着行李箱的匆匆行人，会忽然想起那句诗：人生天地间，忽如远行客……

05

《诗经》里那些诗的作者，《古诗十九首》的作者，苏轼、李清照、蒋捷……他们都是几百年甚至两千年前的古人了，相比起来，我们是如此年轻。而如果从民族历史的角度来看呢，我们才是这段历史的老人，我们的身后是漫长的时间。但是，大家有没有发现，在这漫长的历史里，有一些闪闪发光的东西，它在一直闪耀，它超越了时间，仿佛天上的月亮和星辰。

年少的时候，看《增广贤文》："古人不见今时月，今月曾经照古人。"还有我初中时背过的《春江花月夜》中的那句："江畔何人初见月？江月何年初照人？人生代代无穷已，江月年年只相似。"那时虽然觉得好，但是和今日的感受和体味比起来，又是别有一番风景。

06

嗯，说回来。那些珍贵的东西究竟是什么呢？一个老人，会想起小时候那些单纯的美好；一个民族，会记取那些真挚的情感。有时候，我们会觉得时间真是一件非常残酷的东西——它让少年变老，让红颜白发；它让一代又一代人的生命从孩子走到坟墓，从坟墓变成农田，从农田变成林立的高楼；它让那些帝王将相的霸业灰飞烟灭，让那些豪情壮志付诸流水；那些历朝历代的状元们，我们可以想一想当年是多么荣耀，但是今天也许在一本通史里，甚至在一本断代史里都留不下名字。

但是，时间却记取了另外一些东西，一些超越个人欲望、理想、奋斗史、功业的东西。时间记取了那些最真挚的情感，那些最天真烂漫的东西。

07

我们可能还记得《孔雀东南飞》里焦仲卿和妻子的殉情，当我们的恋爱遭到家庭的反对，我们甚至能与他们强烈地共情。但我们可能很难知道《诗经》里那些久远民歌的作者，我们不知道他们经历过什么，为什么唱出这样的句子来。但是这并不妨碍那首歌的情绪直接击中两千多年后我们的心。

如果我们现在可以从忙忙碌碌，琐琐碎碎的生活中抬起头，稍微那么认真地朝这幽深漫长的历史凝视一眼，也许我们会为我们此刻正在担心的东西哑然失笑；也许会对手里握着的东西，那些拥有的东西怅然若失……

我曾真正拥有过什么呢？我们一生都在赶路，都在竞争，都在向上，都在得到……但我曾真正得到过什么呢？到底什么才是我真正在意的东西？如果我们曾经朝那广袤的星空、那漫长的历史深深地凝望，我们如何处在这无边无尽的宇宙之中？我们总是想着前进，总是想着向上，可是，在那无限的时空之中，哪里才是上？哪里才是前？好了，我也不知道该说什么了。就这样吧！

自立，立人

01

最近卖书，送书，老是签名。大家在我的朋友圈可能也看到了，我签名不会只是签一个名字，一般我都会写一点经典中的句子，但至于写什么就比较随意了。一般都是想到什么写什么。反正我写的题材也很宽，禅诗、佛经、咒语、道德经、庄子、阴符经、易经、诗歌……我写的比较多的是《周易·大象传》里的句子。

在《周易·大象传》里，提到三种人：君子、大人、王/后（好像在商代，后就是王，《周易》沿袭了《归藏》中的一些用法）。但大家可以去看看，最多的还是讲君子怎样怎样，六十四卦起码有差不多五十多卦在讲君子，然后有一部分讲王/后的，还有很少是讲大人的。我在题写的时候，好像也只提过君子，没有提过王和大人。我也是最近因为签书题写，才发现这个情况。

02

然后思考了一下，为什么会这样呢？如果我们对孔子的思想有所了解，大概也可以知道，孔子心目中，也有三种人：君子、仁人、圣人。其实这三种人和《周易》中提到的三种人，是可以完全对应的：君子 vs 君子；仁人 vs 王／后；大人 vs 圣人。

我几年前写过一篇文章，专门分析过君子、仁人和圣人的区别。今天翻出来看看，觉得还是有点参考价值。君子呢，就是孔子认为人人都应该追求的，人人都可以做到的。也就是我今天核心想和大家分享的，自立、立他。仁人，他的要求更高了。他需要这个人不但自己的修养好，能自昭明德，还需要有地位，可以为更多人服务。就像一个君王，他既可以以身作则，垂范天下，也可以用法则、法律、准则来帮助天下人。而圣人、大人，就更难了。孔子认为老子那样的人，才能称为圣人。如果按照佛教的说法，是自觉觉他的人，是大菩萨。他需要这个人觉悟宇宙人生的真理，要求极高。

03

我们看《周易·大象传》里提到大人的地方说："离，大人以继明照于四方。"这里的继明，就是《道德经》里的袭明，也就是佛家禅宗的传灯。他是指大人、圣人，觉悟宇宙人生的真理，他自己就是真理的火焰，他还用这个火焰点燃其他的人。

我们再来看一个很有意思的卦：困，亨，大人吉。困卦，是指身处困境。身处困境，要圣人才吉。为什么呢？因为只有圣人才能超越好坏，超越困境与顺境，于一切时一切地平静安乐，安时而处顺。好了，以上并不是我要说的重点，我要说的重点在下面，在君子。

04

大乘佛教有一句话："己已觉而觉他，菩萨心肠；己未觉而觉他，如来应世。"当然，这句话有非常深的意思。但是我这里不想说这么深，我想说这个标准太高了。这两年，因为写公众号，也因为开这个群，我也算见了一点点人，心中不免有一些感慨。

好多人都在追求灵性的提升，有些人貌似也在追求真理，寻求觉悟……但是呢，其实我们可能连做人最基本的一些东西都十分缺乏，自己立都立不住。甚至有很多所谓的灵性大咖，赫赫有名的一些所谓导师，连做人最基本的一些东西都不具备，自己都立不住。

所以我觉得，根本没必要好高骛远讲什么自觉觉他。因为说老实话，对于真理的寻求，其实也是一个自然的过程，它来自我们始终诚实地面对生活，诚实地面对自己以后，才会逐步自然地揭示。但是呢，自立并帮助别人自立，这件事是可以好好练习，好好看的。

05

我回头大概盘点了一下最近一年多的分享，坦诚地讲，除了分享经典的时候，我对所谓描述“真理”，讲“究竟道理”已经没有什么兴趣了。我的大多数分享，慢慢开始转向如何自立——在时空中自立；在这个社会中自立；在关系中自立。

在时空中自立——我的意思是说，我们可以享受孤独，可以不依靠任何外物，而与我们自己相处，与我们那躁动不安的心相处。不会一没有事情做，就忍不住拿起电视遥控器，就强迫症一样刷手机，就必须做点什么来填满这个时间，否则就会感到恐慌……

06

在社会中自立——我想说的是，我们可以自食其力，自己养活自己，不依赖不依靠任何人活着。其实也就是说，去发现自己在这个社会的价值所在。但这里有一个误区，我并不是说我们都要出去上班赚钱。我说的是发现自己的价值，这个部分我在之前讲“成熟”的话题中有涉及，直接引用过来吧！

没有人是不可以独立的，没有人是没有价值的……神，创造了你，哪怕你瘫痪在床，重病缠身，依然可以对这个世界有价值，对他人有价值。不知道大家是否了解霍金，他高位瘫痪，坐在轮椅上，说话要靠一个特殊的帮助发声的机器，手也不能动，看书都需要靠助手 / 护士，一本一本地翻好，摊开摆在桌子上，然而他却是世界上最伟大的理论物理学家。我们手脚齐全，听说无碍，行动自由，又怎会没有价值？

在关系中自立——我的意思是，我们可以深入关系，享受关系，在关系中分享，但是在关系中不依赖，不控制，不抓取。这个部分我们分享得很多了，就不细说了。

07

我觉得，就像《周易·大象传》里说的君子，这个是人人都可以追求的，人人都可以做到的。比如：君子言有物而行有恒（君子不说空话，言之有物，做事情有恒心）；君子以果行育德（君子用行动和结果来培育品德——不是任何道理，任何知识）；君子以俭德辟难，不可荣以禄（君子落难，唯有节俭修德，不因名利而荣耀）；君子以慎言语，节饮食（君子谨慎地说话，节制地吃喝）……

类似这样的，在《周易·大象传》中，非常多。这是一个普通人应该追求的，也是可以做到的。君子，是在要求我们好好做一个人。其实呢，还有一句话叫：人成即佛成。

08

自立，是可以做到的。为什么我要说自觉觉他，很难呢？比如今天，sunshine 讲的那个例子。她很讨厌一个人，不喜欢这个人，这个人一靠近就想远离他。阿秉建议她完全地去感知这个讨厌的感受，甚至感受这个讨厌的人进入自己的身体，融合，不抗拒……说真的，我觉得这太难了，这是菩萨才能干的事。说得不好听一点，有点强人所难。

《周易·大象传》，遯卦大象辞说："君子以远小人，不恶而严。"君子远离小人，不露出厌恶的表情，而显示出威严。我们看到，一个君子，他可以远离小人，能够不露出厌恶的表情就已经很好了。而且要威严，不容侵犯的样子。这是体贴的。

但是大乘菩萨道，那要更难，大菩萨没有君子小人的分别心，他当然能看到君子小人的不同，他看到不同也看到对错，但是他没有分别心。大乘菩萨要去看自己的厌恶心，要去对治自己的讨厌，他可能会去顺着因缘去亲近这个人，在修自己的同时，相机觉悟这个"小人"。这对于"君子"来说，就有点难了。

09

好了，刚刚我们分享了君子的自立，最后，我想说说君子的"立他"。这里可能更多的是我们身边的人，同事、朋友、亲人这样的。立他，不是说就是让他高兴，让人开心就好了。有时候立他是痛苦，自己痛苦，别人也痛苦。但是呢，必须经历这个痛苦，自己和他人才会有真正的成长。

比如同事。我以前做创意总监的时候带过文案，有时候你知道，你自己写，十多分钟的事，而这个文案可能写了两个通宵，还是不行。你陪着，一遍一遍地看，痛苦不痛苦？都痛苦，但是你不能自己写了，你还得让他继续熬通宵继续写，你可以引导指导启发，就是不能自己上手，否则他不可能有真正的成长。我相信带过团队的人都会有同感。

10

再比如朋友。这个朋友可能是比较亲近的人，可能是闺蜜，铁哥们这样的。可能他每次失恋，就狂吃东西，就狂找你倾诉，然后下次又这样。当然，我们可以陪伴他，可以说好听的话，可以和他一起骂前任是“极品”。但是呢，我们肯定很清楚，这个朋友为什么老是这个样子，我们“太了解”最亲近的朋友身上的缺点了。我们还可以让他不高兴，给他指出来，不理他，收走他的烟酒、垃圾食品……

11

再比如小孩。并不是小孩子要的，我们都要给，并不是他高兴就好。有时候，需要让他不高兴，让他知道这个世界不是他想的那样，按照他的意思来转的。他在家，爷爷奶奶爸爸妈妈疼他爱他事事让他，但别人未必也要这样对待他。

这些的核心还是我们自己先自立，自己先立住。我们自己立住了，自立了，自然可以看到别人什么地方没有立住，也才有力量帮别人自立。

真理无比精确，无比丰富，也无比简单

简单到极致。

01

作为刘希彦老师的铁粉，对于《大医至简》当然是不遗余力地推荐。但是呢，我也知道有个因缘问题。

我之前写了一篇推荐刘希彦老师的文章——《有没有想过，你也可以成为中医高手》，当时承诺赞赏收入全部用来助印希彦老师的《道鉴伤寒论》，后来就将赞赏收入的4000块都捐了，收到了100本助印本，都放在北京雨安居。

每逢有人来，如果我从对方话里听出他对中医有兴趣，就会送对方一本，而且半开玩笑地要求对方对着我家里的佛菩萨发誓，一定要看，我才送。自然免不了要替希彦老师，替古中医表表法。

02

上次，正好有个姑娘来找我聊天，本来是谈网络语音直播的事情，后来无意中聊起她喜欢中医曾经还看了点中医的书，于是我就拿起这本书给她。她一看我要送她书，还说要给观世音菩萨发誓一定要看，就有点犹豫，说怕看不懂。

因为她以前看的中医的书，好像都有点复杂，各种阴阳五行，脏腑生克，药性经络，五运六气……概念又多，理论体系套理论体系，貌似很难的样子。然后我对她说，不，真理，真正“有用”的东西，一定是极为简单的。

人的身体，自有其运行的规律，它不会按照你“发明”的规律来运行。然后就是一通人身自有解决问题的办法，医药只是顺势而为的表法。不细说。

我拿这个例子做引子，其实是想说：真正的真理其实至为简单，简单到极致。

03

这几年，算是对生命也有那么一点点领悟，尤其是对我们的头脑，对我们的心智运行模式。我们知道，我们之所以痛苦烦恼，只是因为我们的妄想执着，因为我们的欲望妄作，修行就是为了让我们认清这些妄作，放手敞开，回复自然，任其自然。

但是我真的是看了刘希彦老师的《道鉴伤寒论》，才忽然一下贯通身心，明白其道不二。这本书背后的理法以及体现出来的实证效果，简直就是活生生的案例：身心痛苦—发现妄作—顺势而为—回复自然—顺其自然—任其自然。这个顺势而为，在中医上，就是顺身体自己解决问题的势能而为；在心灵上，就是诚实对自己。

04

这里宕开说一句。跟希彦老师学医的人真的是有福了，名师易得，明师难求。我在昨天分享的《人无法超越他自己，就像人无法抓着自己的头发把自己提起来》一文中，谈到上师的重要性。要知道，人才是"法"的核心和关键。

一个领悟了"道"的人，他本身就是活生生的法，在他那里，经典是法，经典外的也是法，行住坐卧、言谈举止都是法。佛经里所言，一个证悟空性的人，六度固然是法，杀盗淫妄也是法。法不孤起，有心才有法，对于不同的妄想执着，需要不同的法来对治，任取任用。记得希彦老师曾讲过一个用花椒治一个看起来很严重的急性病的案例。我记得《伤寒论》中并无单独用花椒的成方，但是明白了这个中医的道，便一切都可以是法。

如果没有了人，那一切的经典、仪轨、法门，就都是死东西。我这里说的很崇拜希彦老师，我不是搞偶像崇拜，我崇拜的是那背后的道。能窥见道统，进入道的洪流，甚至完全消融掉自己，成为那洪流的一部分，才是我们应该追求的。

05

说回来，真理是极为简单的。记得以前喝茶，看到日本茶道宗师千利休说过一句话：什么是茶道？无非烧水、点茶而已。所以，千利休在说什么呢？我们泡茶只是泡茶，当我们泡茶，泡得除了泡茶本身之外，没有一个多余的动作，那就是茶道。

就是祛除我们想要炫耀，想要证明，甚至想要借泡茶安静下来的心，让事物回归它本来的样子。让泡茶回到泡茶本身。所以，它其实是一个恰到好处，它是一个没有设计的“精确”。天生万物，看起来杂乱无章，但是当我们真的去看，去琢磨，你就会看到无比的精确。同时，无比地丰富，也无比地简单。

06

《周易·系辞》有一句话，论乾坤二卦。我们都知道乾坤是《易》之门户，了解了乾坤二卦，《易经》的大门就打开了。这句话是怎么说的呢？“乾以易知，坤以简能；易则易知，简则易从。”万事万物从本源到末流，它都是极为容易的；万事万物功用各不相同，但都是极为简单的。因为极为容易，所以极为容易懂得；因为极为简单，所以极为容易遵从。

简而言之，万事万物我们掀开纷繁的表现，透过我们固着的知识、经验和欲望，我们都可以发现它——既容易懂，又容易做。

07

所以，一件和我们生命切身相关的事，如果它很复杂，那一定不是这件事本身很复杂——一定是我们自己把它搞复杂了。但是呢，要发现这个简单，那就极为不容易了，因为人心喜欢复杂，喜欢繁复的东西。

我们看一棵树，如果我们看枝叶，千枝万叶，错综复杂，但是我们顺着枝枝叶叶向下看，就能看到一根树干。同样地，我们顺着色受想行识去看，也是千变万化，错综复杂，但是如果我们静坐观心，便能知道这一切都只是不断生灭的“念头”而已。我们发现了这个简单，然后顺应这个简单，我们又可以发现极为繁复而丰盛的存在。

08

《中庸》里讲：天地之道，可一言而尽也。其为物不贰，则其生物不测。这和佛家所言“一有多种，二无两般”是完全一样的。《中庸》里举例说：天，不过一个昭昭而已，但到无穷无尽的时候，日月星城出其上，万物覆载其下；地，一撮土而已，但到了无穷无尽的时候，山岳不重，河海不泄，万物丛生；山，一块石头而已，但到了无穷无尽的时候，草木生之，百兽居之，珍宝藏之；海，一滴水而已，但到了无穷无尽的时候，鱼龟蛟龙生之，奇珍异宝生之……

09

我这里想说的是什么呢?

当我们看到了那繁复的万事万物背后极为简单的东西后，我们顺应这个简单去行，又能看到极为繁复丰盛的东西。但是这个看到，和之前没有发现那个简单自然的核心，有什么区别呢?

当我们没有发现那个简单的核心，我们只是看到繁复，看到现象，看到表象，看到无尽的混乱的万事万物。我们的心会追逐这些现象，会追逐这些现象衍生出的新的现象，我们会疲于奔命，身心枯竭；而当我们发现了那个简单的核心，我们依然可以看到繁复与丰盛的万事万物，但是我们同时看到简洁，看到精确的秩序。它与我们的身心一起和谐共振，我们进入取之不竭的源泉。

10

我弹古琴。我在和一个不太了解古琴的人聊古琴的时候，常常会举一个例子：我们初听古琴，会觉得古琴的声音好像很单调很乏味，一直都是咚咚咚咚……如果我们去山涧听山泉潺潺，我们粗听，好像一直都是哗哗哗哗哗哗……如果我们去听风吹过树叶的声音，我们粗听，好像也一直都是唰唰唰唰唰唰……

我们粗听好像都一样，但是我们若细听，我们会发现每一声其实都不一样，我们若能静心而听，甚至能听到无限的丰富。最关键的是，我们听泉水，听风吹过树叶的声音，我们不但不会腻，而且会让我们的心马上静下来，让我们的躁动的心重新平静，获得能量。

我们之所以听不了溪水，不能坐在树下听风吹树叶，不能欣赏古琴的幽微古淡之声，只是因为我们坐不住，沉不下，静不了。不是因为这个声音不好，只是因为这些都太过精微，而我们的心太粗糙太躁动，需要那些大块的线条流畅的流行音乐、重金属来共振，来填满……当我们的心奔竞向外，便是无尽的繁复和混乱；当我们的心静观向内，则是无限的简洁和精微。

当然，最后我们会发现无内无外。

11

同样，我们可以说回中医。顺势而为，顺着身体解决问题的人势而为，瞧，多简单，对不对？

对，是很简单，但是要把“顺势而为”这四个字行到极处，那简直又是深不可测。

我曾有幸听过几次希彦老师带弟子讲医案，讲细节，算是粗略领教了在这简单至极的理法之上，可以是极其精微的观察，极其深入的深思熟虑。但是呢，每一分思虑，每一分分析，每一分观察，每一分忖度，都是建立在同一个最为简单的法则之上的——身体到底想干什么？这就是天地之道，为物不二，生物不测。

审美无别，浸淫；气质无别，熏染

根据微信群“吕波国学”2017-7-7/9的聊天记录整理

Anny：波师，最近有一个问题，挺困惑的，是关于价值和价钱的。我做设计时，要的价钱会比同等水平的少很多，两个原因，一是对自己的能力不自信，又害怕失去机会，得失心很重；二是设计并没有一个明确的价钱定位，自己对行情不够了解。我这两天平衡了一下自己的心态，接受这就是我目前可以得到的价钱，慢慢来，但很希望从修行的角度，能有一个智慧的可以善用的指导，在我纠结的时候抽离出自己的得失，专注地做好事情本身。

吕波：仅仅做好事情是不够的，你需要热爱和探索，像艺术家做作品一样。金钱，是一个副产品。从一个相对长的时间来看，价值和价格始终是匹配的，这个不需要什么修行的角度，也没有什么修行的角度。你要做得明显地高于同行的水平，去找到你认为你这个岗位最好的作品，全世界范围，向这个看齐。在电脑里建一个文件夹，去找到全世界最好的作品，每天对着它们——看、研究、琢磨、抄袭、无所不用其极、丧心病狂，这样……

我当年刚开始做创意总监时，因为我是文案出身，没法指导美术，我曾干过一件事。我把知道的摄影网站上几乎我看得上的，全世界的摄影大师作品，全部下电脑里，当屏保，设成幻灯片模式，估计 10000 张以上，每天对着看，看了一年。然后指导 90% 以上的美术完全没问题了，剩下的那些美术不需要我指导。

审美无别，两个字：浸淫；

气质无别，两个字：熏染。

去向最优秀的学习，一开始会有些迷茫，有些盲目模仿。但是后面眼光就会越来越毒辣。这是必然要经历的阶段，要进入明显更为精微的频率，必然经历破碎、重组。去找全世界最有名的、最好的艺术家，摄影师，设计的作品，来研究来抄袭来琢磨。

这个办法当然非常好，可以在职场中做到第一流。但是如果我们跳开职场，如果你要成为大师，这还远远不够，甚至方向都是偏的。当然，这是一个非常大的话题。不过可以稍微聊一聊。从某种意义上讲，一个大师是偶然的，他不是一个“努力”的结果——当然不是说他不努力。一个大师，是因为他的天赋、特质正好适合做这个，并且他还满足了做这个的条件。他是一个太多偶然因素造就的。这个也没法谈，可能我们都不知道自己适合做什么，热爱做什么，能够做什么。而且这三者是否一致，又是一个问题。

一个艺术家，要成为大师，一定要从他所根植的土壤里获取营养。我记得好像世界上还没有任何一个作家，用别国的语言写出一本小说，获得过诺贝尔文学奖。所以，艺术当然是世界的，但大师级的艺术家是民族的。

时间如同流水，它会不断冲刷掉那些虚华浮华的东西，留下真正熠熠生辉的艺术。一个根植于他自己文化土壤中的人，才能扎根得最深，开出美丽的花朵。什么样的文化土壤，就会开出什么样的艺术之花。你在这个文化土壤中扎根有多深，你才有可能在时间的风雨洗刷中站多久。

中国改革开放后，艺术家好像很多，真的春天一样，貌似也有很多的“大师”。但是如果我们把他们放在100年的时间里来看呢？300年呢？500年呢？1000年呢？去年竹山书院开张的时候，我正好在，见到了山长的书画老师萧中胤先生。和他散步聊天时我问他，近代100年尤其民国好像出了很多大师，有没有能赶得上宋代的画家的？他回答说，没有。最后他补充，可能就黄宾虹，在笔墨上有些突破。还有一次，我问两个艺术家朋友，当代有没有中国水墨画真正的高手，像宋元那样的？他们都一致摇头说：没有。

外国的油画各种画我也看不懂。我就看中国的，我直接看最好的最优秀的。但中国的东西还不是这么简单的东西。它不是一个技艺，或者仅仅是一个技艺是没法看的——就像今天的艺术和器物。中国任何一样东西，都是上达下及的——上达道统，下及日用。

所以，我们可以看到，中国的艺术大师、大家，都是千锤百炼。他不但需要一个人的心性领悟高，最后还需要日积月累的技艺。而连通这二者的是置心一处的定力功夫。没有好的定力功夫，全部免谈。我们可以看到，西方有几岁、十几岁的音乐天才。甚至，如果你是弹钢琴、拉小提琴的，如果你十多岁没有登上巅峰，一般来说你就没戏了。而在中国，比如古琴，十多岁的天才？开什么玩笑！还有绘画也是，国外也有很多少年天才，可能因为天赋极高，所以画的画极有灵性。但是中国的水墨画，十多岁的大师？你逗我呢？

当然，这里涉及一个非常重要的部分，就是东西方文化艺术的追求是不一样的。这又是一个大话题，先不谈。但是好像中国也有少年天才，比如写《滕王阁序》的王勃，比如为《老子》《周易》作注释的王弼。

少年天才当然是有的，心性上干净，通透，且有才华的少年自然所在多是。但那并不是中国人追求的东西。中国最顶尖的艺术家，追求的是与天地精神往来。对于中国人而言，无论文学、绘画还是音乐，最顶尖的艺术家都明白，最终文字、笔墨、音符，都只是桥梁，都只是手指。他通向/指向的是无法言说的意境，与天地和谐同在的精神境界。

所以我们在看中国最优秀的艺术品的时候，我们往往不是看到情绪，比如爱、愤怒、恐惧、痛苦、欢悦、快乐、幸福……甚至，它不是为了要让我们看到，甚至感受到，它直接让我们进入，让我们融入，让我们成为……每次我看范宽的画，看倪瓒的画，看宋元明那些大家的画，怎么说呢？那是一种非常奇异的体验。那不仅仅是美，甚至那个画面的美，构图、线条、笔墨、题款……都只是最浅表的部分。我会直接穿透这些，然后成为一种无法言说的情怀，成为一种感动，成为一种精神。

它不是我看画，我欣赏画。不是的，它不是主体和客体的关系。它直接让我进入，让我感受，让我领略，让我成为。那个画里，既有人，又没有人。这才是中国艺术的最高境界——既有人，又没有人。

就像那句诗："孤帆远影碧空尽，惟见长江天际流。"它有人，还是没有人？就像我们听管平湖的《鸥鹭忘机》，它有人还是没有人？

这和禅宗其实是完全相通的。它追求的是，一个人超越世俗的蝇营狗苟，超越自我欲望和习气的束缚，终于和天地万物同在。我记得莫扎特好像在几岁的时候，就写出了很伟大的作品。空灵、童真、美好……当然，这样的艺术非常棒，但他不是中国人追求的东西。老子说："复归于婴儿，复归于朴。"那是智慧发展到极致的返璞归真。

中国人追求的是"踏破铁鞋无觅处，得来全不费功夫"，那是"众里寻他千百度。蓦然回首，那人却在，灯火阑珊处"……他必然经历千锤百炼，千山万水，千辛万苦，然后，可能，还是可能，他放下这一切，从此赤裸裸洒脱脱地复归于天真。

第三章

生命
会自找出路

01

我个人觉得今晚的分享，是今年最重要的一个分享。主要是再不分享，就要变成 2018 年的年度分享了。这个分享我半年前就想做的，但是一直都没有做。因为之前一直“机缘”都没有成熟，没有成熟也是因为一方面我自己没有完全理顺，另一方面是没有找到太好的例子。

然后在这半年里，一些机缘逐渐成熟。就像一颗珍藏的果子，我极为想和大家分享它的味道，让它就是没有成熟。我喜欢瓜熟蒂落的感觉，不勉强，让它以最自然的样子呈现出来。今晚的分享，我想统合身心两个层面，来谈一谈关于“生命”这个话题。主题是：生命会自找出路。

02

生命会自找出路。

前几天，我去广州看女儿期间，约了一个朋友喝茶。朋友约在一间医馆里，喝茶期间，医馆的负责人，一位从事中医的朋友分享了一个故事：有一个小朋友，来他们那儿看病。这个小朋友得了一种病，这个病据说名字叫作：秽语抽动症。具体的症状就是，这个小朋友会做各种怪脸，各种丑陋的表情，而且会不断说脏话，尤其是在人多的时候。

后来经过他们的仔细询问和研判，是因为这个孩子在家里被管束得特别厉害，他的父亲不苟言笑，对他特别严厉。一个小男孩，元气满满，能量是十分充足的，他的能量需要释放，需要自然地流动。但是在家庭里，这个能量被压制了。作为家长，当然希望孩子把这股能量用到学钢琴、背唐诗等大人觉得“有益”的事情上。但孩子本来无所谓有益还是无益，他的能量会有他自己的流动方式。当他被压抑、压制，他就用另外一种方式表达出来。

我有一位朋友的女儿也是，元气满满，但是现在的孩子都基本成天关在家里，能量不能得到完全的释放。她就会在家里，有时候，毫无征兆，忽然地大声嘶吼几声。在我们看来，做怪脸说脏话，莫名其妙地大声吼，是不好的，是“有病”，但这却是他的生命在自找出路。

03

我来北京有几年，特别喜欢吃火锅。但是呢，我其实已经很久不怎么吃太辣的东西了。而且，现在外面的火锅，用的油、菜品，其卫生、新鲜程度，都十分值得怀疑。所以，我基本每次吃了火锅，第二天都会闹一天的肚子。还有，之前有好几次，和朋友拼酒，白酒。喝多了就要呕吐，然后接下来的两三天都不想吃东西。

按照我们的看法，拉肚子、呕吐、几天不想吃东西，都是“有病”。但是，如果我们不拉肚子，那些乱七八糟的东西在我们的肠胃里，我们的身体需要解决掉它们。那些我们身体根本无法接受的多余的酒精，需要排除出去。我们的肠胃被酒精所伤，需要休息。所以，我们看来有病的拉肚子、呕吐、几天不想吃东西，其实是生命在自找出路。

04

不知道大家发现了没有，当我们说“生命会自找出路”，它的另一面就是：痛苦、烦恼是好的，那是道在纠正我们犯下的错误。道，具体到我们的身心，有它自己的运行方式，当我们无视它的存在，违背它的运作方式，企图按照我们喜欢的方式去用它，或者被我们的欲望所滥用时，道就会自动去纠正这个错误。而纠正的过程所表现出来的样子，就是我们以为的：痛苦烦恼。

这是第一个层面。

05

第二个层面，我想说的是：因看到而不恐惧。其实这句话反过来可以这样讲：我们之所以恐惧，是因为看不到，因为无明。

我从小就有汗脚，就是俗称的“香港脚”，真是臭得要命。如果我穿那种丝质的袜子，半天就像踩在一堆烂泥里一样。所以我一直都穿很厚的棉袜。而且我一直手心都出汗，手上经常都是湿洼洼的，大冬天的也一样。以前我一直都不知道原因，试过多种方法，也没有找到“治疗”的办法。但是呢，我二三十年的时间里，身上其他地方很少出汗，即便是三伏天中午吃饭，没有空调和电扇，也只是微微汗。从 2016 年开始，立夏以后我身上开始出汗，夏至以后出大汗，立秋以后大汗就收了，秋分后，就只是运动后出微汗。出了这一年汗以后，我的手心脚心就不再出汗了。现在我袜子穿两三天也没有异味。

06

还有，我的肩颈一直不是太好，就是现在人常说的颈椎病。按照今天的说法，这是亚健康的一种。但是这个症状，明显地显露出来其实是这两年的事情。前几年我还觉得我身体挺好的，那是因为前几年我的身体是麻木的，其实已经麻木得连酸胀痛都很难感受到了。原因是什么呢？

因为我之前一直在办公室上班，整天伏案面对电脑不说，写字楼里从夏天一开始整天整天地吹很凉的中央空调，然后晚上回家也开着空调睡觉。从 2015 年开始，我不再吹空调也不吹电扇，喝热茶。现在我终于和我的颈椎肩颈“连接”上了，它开始“苏醒”，开始呈现出酸、胀、痛。这说明什么呢？说明我的身体在开始修复它自己。如果我不能知道这些原因，不能看到现在我身体呈现出来的状况的原因，如果我依然是“无明”的，那么我可能会做和现在很多人一样的选择，会害怕会恐惧，去吃止痛药，去搞各种激光治疗之类的，不想要这个酸胀痛，只是通过各种对抗的方法，想把这个酸胀痛祛除掉。

所以，我们刚才说：因看到，而不恐惧。它的另一面就是：因不恐惧，而不妄作。

这是今晚我想分享的第二个层面。

07

第三个层面：好的帮助，是一个刚刚好的推动。庄子讲了一个很好玩的寓言：据说庄子是漆园的管理员，那个时候估计这是个清水衙门。所以呢，庄子很穷，穷到经常揭不开锅。然后有一次，庄子估计又饿了几天，实在不行了，跑去向一个朋友借米。这个朋友也是公务员，貌似是一个收税的。我们都知道，税务部门，那是肥缺呀。这个税务朋友看了看庄子，掂量了一下庄子的偿还能力后说：好，我可以借给你，你先等我去收税，等我把今年的税都收齐了，就借你好多好多米。庄子听后，气不打一处来，对这个朋友说：我在来借米的路上，看到路边一个水坑里有一条鱼，快要干死了。这条鱼对我说，麻烦你搞一升水救我一下啊！举手之劳。我就对这条鱼说，你先等着。我从东海开凿一条水渠，引水过来救你。这条鱼翻了翻白眼说，等你把水渠开凿好，引东海的水过来，那时候，你去干鱼铺找我吧……

08

庄子这个寓言有何深意？也许我们都不会知道。但我这两年却感触良多。我们常常看到有很多在生活中受苦的人，有些人真的很苦。比如那些在一段相互猜忌、相互控制、相互折磨的爱情的铰链中的人，那些在恶劣的家庭关系中深受其苦的人。还有那些被“原生家庭”的问题折磨得死去活来的人……我们看到很多人，包括我自己，有时候，会像高高地站在云端上一样地说，哎呀，放下嘛，放下就好了。或者说，哎呀，这就是一场梦嘛，你就当这是一场梦嘛！或者，像一个灵性导师一样，来来来，让我们打开宇宙的能量，你不是这个角色，不是这个身体。再或者，我们像一个修为深湛的得道高人一样，对他说，你赶紧打坐，闭黑关，参问……你见性了，你开悟了，自然这个苦就解脱了。你看嘛，《心经》里都说了，能除一切苦，真实不虚……

我们站在自己的角度，自己的立场，自己懂的道理，自己所看见的东西，而脱离了那个人，那个正在受苦的人，但却希求给别人指条一劳永逸的路。对于一个烦恼得恨不得不要活了，被痛苦的铰链绞杀得快要窒息的人来说，他此时需要的可能只是透一口气。

09

我身上的筋很紧，尤其是胯内的筋。弯腰，腿打直手向下伸，伸到膝盖下一点就不行了。我打坐，单盘都不行。甚至在两三年前，散盘都不行，一做下去就往后倒。当然，我也知道原因。

我小时候在农村长大，我家住在山上，山上有一个蓄水池，其实就是一口超大的井，里面都是井水。如果在农村生活过的人都知道，井水夏天是很冷的，沁骨的寒。我小时候暑假每天会去割草，割好草以后，在日头下大汗淋漓地跳进蓄水池里游泳，几乎每天泡三四个小时。这样泡了好几年。所以，我年纪轻轻就是老寒腿啊。这样，我的腿没有废掉就算不错了，我的筋收缩得很厉害。如果强行要双盘，硬来，估计几天腿都废了。

这两三年，我自己在家搞了个榻榻米，每天坐在榻榻米上，慢慢地坐。一开始下面要垫很高的垫子，慢慢地，垫子可以撤掉了。上次在武夷山分享《金刚经》，大家都看到的，虽然我现在依然不能单盘，但基本可以每天散盘五六个小时。就这样，慢慢地，一定可以单盘，双盘。然后把筋慢慢地拉开。

多年的沉疴，需要时间来化解。

10

其实在这里我想说的是什么呢？我想说的是：我们大多数时候，并不需要多“高”的法。再高的法，我们用不上，又有什么用呢？大圆满教法好不好，当然好，但跟我有几毛钱关系？也许我们只是需要每天坐五分钟，去数数呼吸，然后这样我们可以勉强从强迫症里喘一口气。我们也并不需要所谓的开悟，那离我们实在太遥远了，这个名词一丁点儿也不能让我们在生病、痛得死去活来的时候管用。也许我们只是需要磕大头，每天拜几十拜，然后大汗淋漓地躺在地上，感觉大脑放空浑身轻松。

所以，好的帮助，只是刚刚好地那么推动一下。无论对我们自己，还是对别人都一样。

11

一个心智都不成熟的成年巨婴，一个连界限感都没有建立起来的人，你要让他“无我”，其结果可能就是打着“无我”的幌子，侵犯他人的界限，还振振有词：你这个人怎么这么自私。却不知道，最自私的恰恰是他自己。

一个封闭、不敢争取、害怕尝试的人，他需要的不是什么“无为”，不是什么“顺其自然”的说教，他需要的可能是“允许”，哪怕是做一点“出格”的事情，做一点违背社会道德的事。

一个十恶不赦、杀人如麻的坏蛋，他需要的不是什么“放下屠刀立地成佛”的空话，也许只是今天先少说一句骂人的话。但是，这是十分难的事情。

当我们给别人建议，一个好的建议，这基于我们看到别人在什么位置。而我们要能看到别人在什么位置，我们得知道自己是什么样的，我们自己在什么地方。所以，正如这句话：好的帮助，是一个刚刚好的推动。它的前提其实是，我们了解自己。好的帮助，是一个刚刚好的推动。它的另一面是：了解自己，才能看到别人。

12

回顾一下我今晚的分享。

今晚的我分享了三个层面：第一层，生命会自找出路。痛苦、烦恼是好的，那是道在纠正我们所犯下的错误。第二层，因看到而不恐惧，因不恐惧而不妄作。第三层，好的帮助，是一个刚刚好的推动。

了解自己，才能看到别人。而这三个层面，其实说的只是一件事：了解自己，而了解自己就是看到事物正确的因果。我即因果，因果即我。

13

好了，言不尽意。我想说的可能未必能传达出来。但希望对大家有些微的帮助。起码，当烦恼、痛苦来临，我们能不立马被这个烦恼痛苦纠缠住，不立马惯性地妄作，而能有那么一个空间，去清明地看一看。

人、事、理是同一个东西

frey：我们可能都有这样的经验：在交流的时候，本来想表达春色很美，结果因为对方回应的态度不好，话题就从春暖转到了冬寒。这就是常说的“话赶话”吧。你一句带出我一句，我一句带出你一句。回头看看，这些话到底是谁在说？有时候会忍不住要说要做，这“忍不住”从何而来，为什么控制不了呢？

细细体会，这忍不住后面，的确有一种无形的力量，在决定我们说什么做什么。什么力量？业力。总是尽量不被名词名相束缚，但最终，我也找不出比“业力”更精准的词语来表达。

年少的时候，总会把那些听不懂或不想听的话，统称为大道理而敬而远之，现在自己的有些话被女儿当作道理而束之高阁时，我才明白，在有些人眼里是道理的东西，在另外一些人那里只是具体的生活。做到了，道理就是生活；做不到，道理永远是道理。同样，明白了，法就是生活；不明白，法永远是法。不能落实到生活中的道理和不能变成行动的法，都只是妄念。

以此类推，最后我们留下了什么？要么是生活本身，要么是妄念。无论生活以什么样的面貌呈现，觉察，体验，选择，承担……“行出来”。

吕波：能看到自己的想法、语言和行为，原来并非像我们想象的那样，是自己做主的，其实可能我们大部分的语言和行为，都是一种无意识的惯性，并能看到这个无意识惯性背后的业力，非常好。

可以说，到这个地步，已经真正学会了如何“看自己”，开启了我们每个人都有的，内在的上师。注意，这个“内在的上师”，并非有些人说的“直觉”。通常我们说的“直觉”，其实依然是惯性驱使下的条件反射，被我们那点可怜的欲望和趋乐避苦之心所控制。

对于后面关于道理和生活的部分，我倒有些不同的意见。我以为这里要十分小心。首先，我们无法用一个道理来指导生活，或者说，这个指导总是会失败的。譬如，我们总想给年轻人或者其他人讲道理，就像你给你女儿讲道理一样，或者我们少年时候听到别人讲的道理一样。

其次，从本质上讲，当我们用一个道理来指导生活，其实我们是在偷懒。当然，这个“偷懒”可能是人都必须走的路。就像崇拜偶像，或者信仰宗教一样，但那依然改变不了我们希望把人生交托给一个我们觉得更“伟大、正确”的存在这一事实。而事实上，对于这样的道理，我们是持有一种“怀疑”的态度的。无论多么狂热的宗教徒，在他没有了悟真理之前，他所言的“坚信”，都蕴含着“怀疑”，哪怕他可以为此牺牲生命。但这不妨碍我们在“怀疑”和“坚信”同时保有中，尝试着去验证。我们都是在不断的验证中培养起信力的，而这个验证的过程，其实已经变成了我们生命的部分。

最后，所谓的行出来，活出来，并非我们想象的，听到一个道理，然后在生活中去做到。这里的核心是什么呢？是人、理、事，这三者是同一个东西。一个人做出什么样的事来，背后自然有他自己的理；未有离了事的人，也未有离了人的事。

我们觉得道理明摆着的嘛，他为什么要那样做？那是因为，摆着的那个道理，是你的道理，不是人家的道理。或者，他也许明白你的道理，但人家有不得不那样做的另外的道理。所以，我核心想说的是什么呢？

其实，在看自己这件事上，唯有一件事是真正至关紧要的，那就是：诚实。古人说：诚则明，明则诚。我们那份清明的看见，来自诚实；而清明的看见，也会让我们越来越诚实。

如实地对待过去，才能如实地活在当下

问：我儿子不到三岁，我想问问，怎么样才能让孩子发展看自己，怎么样才能不需要像我一样长傻了，才开始学习智慧？

吕波：晚上想到一件事，所以说一说。这个不仅仅回答你的问题，也包括大家。让我稍微理一下，我想说什么。也许，在我们看来，有一种“正确”的道路，我们越早走上越好；有一种“智慧”的思考模式，我们越早获取 / 学会越好……甚至，当我们开始求道，我们知道了很多圣人，老子、佛陀、慧能大师、王阳明……我们听说朝闻道，夕死可矣！

我们会觉得，唯有了悟真理，开悟才是真正活着，而我们之前的生活呢，简直就是白活，不值一提，充满荒谬和无聊。嗯，我想，我们总是这样，要么过分地特殊化和夸大自己的经历，因此执着，留恋；要么过分地鄙薄和轻视自己的过去，因此轻视，逃避……我们总是难以如实地对待我们的过去，所以，我们难以如实地活在当下。以我们的分别之心，那点可怜的认知，我想，要知道什么才是真正的智慧，什么是真正的傻，恐怕是一件很难

的事情。

我们生在什么样的家庭，或贫穷或富有或温馨或充满暴力；

我们生得怎么样，或美或丑或高或矮或正常或残疾；

我们在学校念书，或是“学霸”或是学渣或上名牌大学或辍学；

我们出来工作，或自己做老板或给人打工或做自己喜欢的事或做自己不喜欢的事；

我们结婚，或喜欢对方或不那么喜欢对方或我们都不知道是不是喜欢对方……

我们有那么多的不确定，也许小时候觉得非常不好的事情，长大后是我们铭记并真正让我们成长的；我们常常觉得贫穷更少选择，也许我们会觉得出生在富裕的家庭，反而没有更多的选择；我们也许觉得读一个国内的好大学然后出国读更好的大学很牛，焉知一个高中辍学的人没有更多更广阔的空间……谁知道呢？

智慧不是一颗钻石，藏在某个地方，而我们一生就是一个寻宝者，在寻到它之前我们赤贫，所以越早寻到它越好。智慧是一个活生生的东西，从我们每个人的生命里长出来。对于小孩子来说，他的意识需要发展。我们永远无法做到不让他“受伤害”，不让他“走弯路”……如果我们这样做，那我们就是那个最大伤害他的人，那个让他走最大弯路的人。因为那才是最强大的“控制”，甚至，想要去操纵另一个生命。

有一天，也许今生也许来世，总有一天吧，我们会明白一切圆满无缺。那颗智慧的钻石，原来是我们生命的每一刻的感受和领悟凝聚而成！那个时候，我们会知道我们路过的每一条路，爱过的每一个人，受过的每一次伤害，甚至每一次遗憾和后悔……都是如此重要。

因为正是这些，让我们，在此！

到底是谁的问题

那摧毁我的

彻底拯救了我

——摘自《波纹》

01

先从我自己讲起，我这个人呢懒散惯了，是眼中无事的人。这种人有点儿讨人厌。比如，以前孩子她妈就会说，你看孩子怎样怎样，你也不管管，你也不说说。她觉得孩子如何做有问题，当然孩子不会觉得有问题。关键是我也没觉得这是问题啊！

估计大家都遇到过这样的问题，我们要么是那个觉得别人有问题的，但是别人并不觉得他有问题；要么是那个被觉得有问题的，但是我们自己并不觉得有什么问题。我们觉得别人有问题，想改变别人，但是别人并不觉得有问题，这就是人与人关系“问题”的开始。

在这里我想说的是什么呢？

02

如果我们觉得别人有问题，其实是我们自己有问题。比如，夫妻两个人。妻子认为房间脏了，你也赖在那里打游戏不打扫一下，有问题。但是丈夫并不觉得房间脏。房间脏了，需要打扫。这个问题是妻子的，并不是丈夫的。

表面上看，妻子的问题是：房间脏了，你为什么只知道玩不打扫一下？而丈夫并不觉得房间脏，但他也不能因为自己觉得房间不脏，就能拿走妻子这个问题：房间脏了，需要打扫一下。所以，我想说的是：我们没有问题，别人也不能给我们问题。我们有问题，别人也拿不走我们的问题。

03

2500 年前，佛陀在菩提树下坐了七日七夜后，于凌晨见天边明星而开悟。据说，嗯，宗萨仁波切也曾经讲过这个话题。据说，佛陀开悟的那一刻，众生都开悟了。佛陀圆满了，众生也圆满了。但是，我们这个二元的头脑，肯定很难理解这件事——不对呀，明明在佛陀开悟的那一刻，还有那么多众生在轮回中受苦呀！

的确，要理解这件事是十分困难的。佛陀开悟的那一瞬间，世界圆满，没有任何问题。

04

尽管我们很难理解这件事，但是我们不妨从刚才打扫房间这件至为简单的事上来看。妻子觉得房间脏了，这并不是一个问题，她真正的问题是：丈夫居然不觉得脏，他居然还在玩游戏不去打扫一下！而丈夫并没有这个问题，他并不觉得房间脏了。对于房间是否脏了，需要打扫，两个人有不同的“标准”。妻子的问题是，她理所当然地认为，她对房间认知是否脏的标准，丈夫也应该是这样的标准。由此引发：你也看到房间这么脏了，居然还玩游戏不去打扫一下。你也觉得房间脏，这是妻子的想象，她想象丈夫也应该这样。而你居然还玩游戏不去打扫，这已经是基于想象而升起的情绪了。

我举这个例子，是单纯地抽出来的。当然，事实上，两个人的日常“问题”，要比这个复杂得多。

05

佛陀看见明星而悟道，那一刻众生得度，世界没有任何问题。无独有偶，庄子也有同样的一个故事。那就是著名的“濠梁之辩”。

话说，庄子和惠施一起在濠水的桥上散步，庄子看着濠水中的鱼儿说：鱼儿们优游自在，真是好快乐呀！惠施：你又不是鱼，怎么知道鱼的快乐？庄子：你不是我，怎么知道我不知道鱼儿的快乐呢？惠施：我不是你，当然不知道你是否知道鱼儿快乐，这是明摆着的；但你也一样，你不是鱼儿，自然也不知道鱼儿的快乐。这也是明摆着的嘛！庄子：请循其本。你说你不是鱼儿，怎么知道鱼儿的快乐？这就说明你已经知道我知道鱼儿快乐了，所以才来问我。而我是怎么知道鱼儿快乐的呢？我在濠水的桥梁上知道的。

这就是著名的“濠梁之辩”。估计大家看得有点儿头晕，觉得庄子简直就是一个诡辩家。千百年来看庄子的，估计也在这里把庄子看成了诡辩家，对庄子的诡辩，也是莞尔一笑。但如果我们这样来看这则寓言，这样来看庄子，恐怕都错失了真正的东西。

06

这则故事，核心只在四个字：“请循其本”。什么叫请循其本？我们姑且用一个词：第一念。和这个词接近的还有一个词，很好，叫：初心。在了解这个寓言之前，我们恐怕需要有些“见地”才行。这个世界是我们心的显现，这个世界是我们心的投射。

当庄子说“鱼儿们优游自在，实在很快乐”的时候，此时庄子心所投射的世界是快乐的，他看鱼儿是快乐的，众生都是快乐的。而当惠施说“你不是鱼儿，怎么知道鱼儿快乐”的时候，他那一刻心里想的是，鱼儿快乐，庄子是怎么知道的？好，这个故事就讲到这里。还有一个故事。

07

《金刚经》一开始，须菩提问佛陀：世尊，善男子善女人有志于成就无上正等正觉，应该如何降服这颗心？应该将心安住于何处？佛陀说：很好，很好，须菩提，善男子善女人，有志于成就无上正等正觉，应该这样降服这颗心，应该这样安住这颗心。注意，佛陀说这句话的时候，我们也“请循其本”一下。

在那一刻，须菩提及在座听法的 1250 人，他们的心就是安住的，安住于这个“菩提心”——发阿耨多罗三藐三菩提心。《金刚经》我读了也十多年了，不同的阶段，可能对佛陀不同的言教有所领悟。但是，在今天，我最大最大的收获，是这三个字：善护念。善护念是什么？就是请循其本，去循我们的那颗本心，就是不忘初心。

08

但是，请循其本，这是需要持续的、敏锐的对我们心的“观照”功夫。我们因为功夫不够，往往还没看到“我觉得房间脏了，对方未必觉得房间脏”的时候，已经发火说：你居然打游戏也不打扫一下？所以，持续的、绵密的对我们心念的观照，是多么重要。

境—心—情绪—新的境—心—情绪……这个链条的触发，其时间是相当相当短的。我们就像条件反射一样，境，心，情绪，根本就是混乱不堪的一团糟。何谈请循其本？

09

最后，如果我觉得房间脏了，这是没有任何问题的。我直接拿扫帚打扫就好了，如果对方依然打游戏不来帮忙，我们直接叫他来帮忙就好了。这里面是没有“问题”的。问题是：我觉得房间脏了，对方也应该觉得房间脏；我打扫房间，对方就应该停下手里的事情，来帮我们打扫。

我们总是觉得别人应该怎么样，世界应该怎么样。我“觉得应该”，这就是冲突的开始。

10

有一个故事说，印度有一个修行很好的老太太，她的孙子在学校被人欺负了。旁人就问她，你孙子被人欺负了，你会不会去找那个欺负你孙子的孩子算账？会不会生气？她说：我当然要去找那个孩子，但是，我为什么要生气？

修行，就是带着觉知做好手头的每一件事

以前我爸爸常说：
要么不做，要么好好做

每次他说这话的时候
都是我既不想做
又不得不做一件事的时候

我们总有这样的时候
既不想做，又不得不做
于是就糊弄了事

做，就好好做
糊弄着做
什么味道也尝不到

不想做，就不做吧

世上没有什么非做不可的事情

所有那些不得不

都只是自己的限制

——摘自《波纹》

01

我的爸爸是一名乡村的赤脚医生。1980 年 1 月，就在我出生的那几天，我爸爸收了一个徒弟。他这个徒弟呢，比我爸爸还大两岁，但是看起来比我爸爸年轻，今年 60 多岁了，还像 40 多岁的人。在我小时候，我爸爸常常提起他这位徒弟，提得最多的，是一件非常非常细小的事情：就是他能把碗洗得非常干净。每次吃完饭，他把碗收进去后，在锅里烧点热水，先洗一遍，拿出来，然后把水倒掉，再烧一点热水清一遍，用干抹布把每一只碗都擦得干干净净的，再放回碗栏里。

这是一件非常非常细小的事情。但是诸位要知道，那是 20 世纪 80 年代，我家又在四川非常偏远的农村。大部分人洗碗都是很粗糙的，我爸爸其他几个徒弟就很应付。我爸爸反反复复提这件事很多次，去年我回家，我爸爸这位徒弟来我家吃饭，我爸爸还提起这件事。所以，这件事在我印象中非常深刻。

02

今天回头，在我成长的过程中，我其实受我爸爸的影响很大。我爸爸是一个十分乐观的人，也很爱干净。在我的印象中，每天早上他会一大早起来，把录音机打开，声音放得大大的，然后在音乐中给房间、阶檐、院坝里撒上水，用扫帚打扫得干干净净的，然后再叫我起床。

我儿时几乎每天早上都是在录音机的音乐中，在爸爸打扫房间的声音中睁开眼睛，然后看着窗口的阳光起床的。这个记忆，单纯、明亮而美好。以前我从未觉得这些有什么，直到这几年，我开始每天早上起来第一件事，就是拿吸尘器吸地，擦地，洗干净茶台上的紫砂壶、茶杯、公道杯，打扫茶台。看着干干净净的房间，整齐的茶席，这是一件让我十分愉悦的事情。

03

说了这么多，我想说的是什么呢？其实我想说的是关于在生活中的修行：精微的觉察，会让人的生活更有秩序，具有和谐的美感。关于这个话题，我曾在之前的一篇文章里分享过，就是那篇《洁净精微：唯有将禅修带入生活，生命才会发生质的改变》，另外在去年的《金刚经》的分享里也多次谈到。正好，今天晚上有位读者在我的公众号文章下留言：

昨天忽然想明白为什么把厕纸放好也叫修行了……当第一次

听到你讲把厕纸放好也叫修行时，我很狐疑，觉得这讲的什么话，有点荒诞，但没有吱声……确实，我做什么都毛毛躁躁的，昨天晚上洗完碗，忽然想起你说的放厕纸，于是我认真地放好碗，把洗碗池边的水擦干净，把抹布放好，恍然大悟想到四个字：见微知著。从日常生活中的一言一行，做任何事情，养成一个良好的习惯，才能在做任何事情的时候，都能定、专、安。小到任何事情，都是在日积月累……真心感恩！

04

所以，我们说修行，最终生活就是修行，修行就是生活。修行，就是带着觉知做每一件事。生活其实是一件又一件事情，从本质上，这些事并无大小可言。正如老子所言：天下难事，必作于易；天下大事，必作于细。

我们如果能够在生活中，带着觉知把手头的每一件事，井井有条地做好，那么我们的生活本身会变得非常有秩序感，并且具备一种和谐的美感。而这种做事的方式，本身就是对觉知 / 觉察 / 定力的练习。而我们之所以需要练习打坐、站桩、持咒等我们以为的“修行”，那是因为我们无法带着觉察去做生活中的每一件事。我们无法在关系里看到自己，无法看到自己为什么有这样的想法，为什么说这样的话，无法好好地仔细地做事。

经由这种在座上的练习，经由“意识”的净化，经由对事物精微的感知，我们可以将这种洁净精微的感受，带入生活之中来，让我们的生活变得更有秩序与和谐。直到慢慢地，我们思考、说话、做事，就像我们的呼吸一样，自然而流畅，不造作。

05

我们常常说，修行应该让我们的生命发生质的改变——从混乱到有序，从浑噩到清明，从抱怨到承担，从自私到看到别人……而生命就是生活本身，离开生活哪有什么生命呢？人事不二，离开事，哪有人呢？

所以，带着觉知，去知道我们的想法，去知道的说话，去做手边的每一件事。这就是修行，真正的修行。

以下为会员微信群内讨论部分：

吕波：我爸爸乐观，开放，爱干净。要知道，我们那儿是大多数人都穿补丁衣，且一件衣服穿很久的农村。我爸爸 80 年代就穿白衬衣，打领带，这个习惯一直保持到今天。他是我们那儿最早学会交谊舞的。记忆中，我爸妈经常自己在家里放着录音机跳交谊舞。

说到我爸爸的开放，讲一件事大家就知道了，80 年代末，四川偏远地区的乡村，夏天我爸爸可以穿着我妈妈的裙子去赶集。我爸说凉快。在那个时候，可以说骇人听闻。我爸爸还上了刘希彦老师的课，伤寒和金匮两个阶段的课都上了，现在在我们当地市集上应用，每次电话里都兴奋地给我讲，他又看好了什么什么病。终身学习不辍，专业不断精进。

我爸爸性格很开朗乐观，很少有不高兴的时候。印象中，他从未拿家人撒过气。他天性真好，于我而言，简直就是最好的身教。爸爸初中都没有毕业，因为那个时代是保送，我们家成分差一点，读不了高中。但是我读中学，大学，他会给我写信。而且他胆子也特别大，十四五岁就跑陕西下汉中，18 岁就一个人带着两个和他年龄差不多的亲戚（女性）去新疆。他做过很多的事情，学过很多的手艺。初二读了就辍学了，学过裁缝、泥水匠、翻房子、木工、杀猪……那个时候农村的手艺他基本学了个遍，而且学样有样。

还有，我爸爸做饭特别好，我的厨艺就是从我爸爸那里学的。13 岁的时候，我爸给我一把菜刀，在菜板上叮叮当当一示范，我立马就会了。哈哈，我前世肯定干过厨子。

fy：波师全家人都根器那么好。

吕波：嗯，最好不要往那上面扯。这很容易变成我们推卸责任的借口——我没有这么好的家庭环境，所以我不行。要知道，有一天，当我们认识了自己，不同的经历，会变成生命不同的特质。不同的经历，会开出不同的花。你不是要开成我，你要开成你自己。每个人都只能开出他自己。

真正的慈悲和智慧，是开放的

01

我记得我曾在群里反复说过一句话：追求真理，小心宗教。佛陀的教法是开放的，切勿因为宗教原因而陷入狭隘。真理并非只有佛教才有，真理也并非僧人的专利。真理就是真理，它是所有人都可以了解和了悟的。

02

记得去年我去中国美术学院，拜见《行动瑜伽》的译者闻中先生。先生给我讲了一件事：因为闻中先生是翻译、研究印度大师斯瓦米·辨喜，印度吠檀多不二论的学者，所以有组织想让闻中先生牵线，让现在印度的修行大师们，与浙江著名某寺，来一次思想的碰撞、交流。结果是，这个寺庙的僧人团队说，没必要。

因为印度的佛教思想都传到中国来了，印度现在也没有佛教了，现在中国的才是最好的。

唉，真是。

03

任何组织，只要它是组织，就会具备排他性和侵略性。2500年来，佛教这样的组织——注意，佛教依然是一个组织——将如何对治组织的副作用？它靠的是慈悲和智慧，释迦牟尼和历代证悟祖师的慈悲和智慧。

汉地佛教因为近100年的历史原因，饱受摧残，其实失落和失传了很多东西。而这中间，证悟的祖师更是寥若晨星，断代得非常厉害。导致佛教在中国最璀璨的一支，几乎湮灭了。

现在佛教在全世界传法的，主要部分是藏传的僧人，另一部分则是日本的铃木大拙和铃木俊隆及其弟子。今时今日，虽然佛教在汉地重兴，但是其形势并不容乐观。具体就不细说了。

04

还是那句话：任何经典，任何经书，都不能点燃人。能点燃生命的，唯有活生生的生命。之所以我们抱着经典而不敢相信人，是因为我们本身就害怕活生生的，我们本来就没有认认真真地活过。

我们企图拿无数本经书，拿无数的行为规范来定义一个活生生的人。宗教的规范、戒律，有其地理、历史和社会化的原因。但那些永远都是表象。

05

佛陀真正的教法，真正的真理是活生生的。它闪耀在每个人的心里——它闪耀在面相庄严、戒律清净的高僧大德的心里，也闪耀在抽烟喝酒、满口脏话的嫖客妓女的心里；它闪耀在温文尔雅、宽厚温柔的君子心里，也闪耀在厚颜无耻、贪得无厌的小人心里……

我的意思，不是说要大家做小人不要做君子。而是说，那些规范和律仪，都只是表象。如果我们执着于那些去看一个人，去看一个上师，我们很可能会错失真正宝贵的东西。

06

最后，还是说回开头的。佛教之所以伟大，2500年了，还没有变成一个排他性和侵略性的组织，或者说它的排他性和侵略性还没有成为一个大问题，那是因为释迦牟尼和历代证悟祖师的慈悲和智慧。而真正的慈悲和智慧，是开放的。

在这里，我想就之前讨论的话题，做一个更深入的探讨。主要是关于“精准的表达”，大概是这个意思吧！

07

先说说昨晚谈到的南怀瑾南老。我自从高中以后，开始追寻生命意义的答案，大约在2004年，接触儒释道的经典。那个时代，南老的书是十分流行的，貌似在公开市场上，影响力最大的也就是复旦大学出版社出版的那套十本的南老的选集了。所以，南老是我进入传统文化，甚至说进入佛学的领路人。

我相信，像我这样的人很多，而且这里面可能还包括今天在寺庙的很多僧人，甚至，今天很多的高僧大德，可能都曾受到南老的启发。其实我们及父辈这两三代人，接触传统文化的经历，自然也有其历史原因。南老著作和学说的普及，也有一个巨大的时代背景摆在这里。甚至今天，南老的著作还在深刻地影响着很多有志于进入传统文化的人们。

这些年，但凡有人想要接触传统文化，接触佛学的经典，但是又苦于难以入门，我首推的还是南老的著作。至于佛教内部对他的评价，那是佛教内部的事情，我非佛教徒，所以没什么好说的。

08

但，以上，都不是我想说的，我想说的是关于精准的表达。事实上，我之前一直到现在，都比较在意表达的精准——对于理法的精准表达。但是，我这两年可能慢慢地没有那么在意这个精准的表达了。

记得雅桐曾对我说过："不要表达自己，要去推动人。"这句话，我一直奉为圭臬。每当我要说什么的时候，在我觉察的范围内，我一直提着这个警醒。事实上，想要精准的表达，本身就是在表达自己。当然，我也说过，这是我的一个过程。就像黄豆吃多了，难免要放屁一样。想要精准的表达，这里面可能包含想要给对方说清楚的愿望，同时肯定也包含有表达自己的影子。

这两年对于这个精准表达没有那么多的"执念"了的意思是，我觉得我慢慢地更能直接地看到那个在听的人了。如果我们的表达精准无比，却不能看到对方，那么，我们顶多在说一句正确的废话——这个世界并不缺乏正确的废话。这样的表达不能推动人，不能激发人，不能启发人。

9

如果我们回头纵观佛陀四十多年的说法。我们一方面可以看到他在初期说苦集灭道，后面直接说苦集灭道都没有；他在初期说因缘和合，但在《楞严经》里直接否定了因缘和合；他在初期说这个世界是五浊恶世，却在《华严经》里说这个世界就是完美无瑕的一真法界。甚至，佛陀在面对不同的人，说的也不一样。

记得我看赫尔曼·黑塞的《悉达多》，那里面作者代替世尊说了一句话，大意是：如果你把我所说的，当作一个理论体系，那你就错失了真正宝贵的东西。我不是要说一个解释世界的完美理论，我是要让你解脱。甚至孔子，在面对他的弟子的时候，对那些鲁莽的弟子，要让他小心谨慎；而对那些谨慎的弟子，他告诉他们要勇敢。

所以，我想说什么呢？无论多么精准的表达，如果他不能推动人，徒有何益？一个好的老师，应该给向他求教的人一个刚刚好的推动。无论多么高妙的理论和见解，终究只是一个知见，从本质上讲，并没有一个见解比另一个见解更“正确”。

10

《金刚经》中，佛陀把一切概念和知见，破除得干干净净——这正是佛陀伟大的地方。我们不是要拿一个正确的概念，一个完美的理论来依靠，反而，我们是要破除一切概念和理论所形成的牢笼。也许真正带给我们改变，让我们返身看自己的，并不是那些所谓的伟大正确的导师，而是我们身边那些，我们觉得“无明”“愚昧”“业障深重”的人。

如果我们真是我们所崇敬的导师，或佛陀、或老子、或耶稣、或克氏等的追随者，那么我们更应该的是反求诸己，反身而诚，去看自己。我们去学习他们看自己，他们诚实的品质。而尽量不要把精力花在从一个人的表象上看如法不如法，合不合戒行……况且，很多修行者并不是佛教徒，凭什么要人家如你佛家的法，要遵守你佛教的戒律呢？

说一千道一万，还是那句话：诚实地看自己。

居家旅行、行走江湖之必备大法

我打算最近在国学会推行三个“大法”，大家都要修炼修炼。

其一：逢人便夸大法；

其二：好为人徒大法。

其三：手不走空大法。

01

注意，这三个大法，很难修炼的。真的。真诚地看到别人的优点，看到欢喜，而且看到自己不足。另外，如果遇到别人对你施展这三个大法的时候，大家要注意提醒自己：考验来了。看看自己哪根尾巴翘起来了。这三大法修得好，开悟不敢保证，但世间福德，人际关系，那绝对杠杠的。

这个大法的难点在：真诚。你真诚地欣赏一个人，真的看到一个人闪光的地方，是不需要“夸张”，唯心的。人不可能一点闪光的地方都没有，不要作假，假的，人都知道的。可以不说真话，但不要说假话。我在《南方周末》上看到很好的一句话：“我们知道有不能说的真话，但我们绝不说假话。”这个要锻炼的是慧眼，慧眼才能识人啊！佛陀：如来有慧眼否？须菩提：如来有慧眼！这也是向佛陀他老人家学习。识人之明，知人之明，很难得的。

02

一般人喜欢“好为人师”，像我这种的。高手都是好为人徒，喜欢真诚地请教别人。每个人都有长项，谈起他的长项，他会兴致高昂，所以要多请教别人的长项。又学本领又长见识，还能让对方很高兴，何乐不为呢？

03

见人手不走空，随手送份礼物，礼物大小无所谓。但里面的重点是，必须有个说法，比如特别适合对方啦，特别有意义啦，投对方所好啦……这也是需要我们去思考的。而能看到对方的需求，以小礼物满足之，往小里说是人情练达即文章，往大里说简直就是大乘菩萨道呀。其中细节，我们一起边学边体会。

哎，其实这三个大法，也是破“嗔恨”“骄慢”“悭吝”之心，兼收“随喜”之效。有人说：有一种是性格的名字叫变色龙。这种性格的人生存能力特强，也就是说他在上一分钟还在夸你，下一秒你不在，他能骂你。这也属于您说的大法之一？我不喜欢“变色龙”一样的人，而我这里也不是要大家修成“变色龙”。

要点是：真诚。真诚地赞美一个人，前提是去看到人的闪光点。这个世上没有一无是处之人。慧眼识人，不是见人说人话见鬼说鬼话见风使舵的墙头草。看，是很难的。用心去看。看自己的尾巴，看别人的闪光点，都是很难的。

生命能量释放的途径

这个想法其实已经冒出来且酝酿很久了。一直没有分享的原因是：第一，还没比较清晰；第二，我还不确定是否真的对人有用，是否真的能推动人。

我要分享的东西，其实已经私下对很多朋友表述过，我发现还是有价值的，算是从比较粗的层面帮助到人吧。至于为什么是比较粗的层面，我后面会说。我要分享的主题，大概可以表述为：生命能量的释放途径。

01

记得以前在分享“臣服”那个话题的时候，我曾经引用过创巴仁波切的话，大概意思是：生命的能量是同一个，它要么表达为破坏、放纵，要么表达为爱与创造。我想，我今天对这个，对生命的能量的释放途径有了稍微深刻一点的了解。粗略地划分，生命的能量会以以下三个途径来释放：释放为破坏与放纵；释放为爱与创造；释放为内耗——生命的能量消耗在内耗里。

我先简要说一下这三个方面。其实很简单的，大家一看都明白。

02

释放为破坏与放纵。

如果我们曾经认真观察过小孩子就知道，小孩子其实无所谓好坏的，他们精力旺盛，生命力也极其旺盛。尤其我这种农村长大的孩子，我当时和我那些农村长大的小朋友就属于“破坏力”惊人。当然，对于小孩子来说，无所谓破坏还是建设。那时的我们，抓蛇、用手术刀剖蛇、掏鸟窝、用烧化的塑料滴青蛙、点火烧掉邻居家的麦垛、用竹刀削掉油菜花嫩嫩的尖、把田里的蝌蚪用竹筲箕舀出来倒在地上踩破……

03

释放为爱与创造。

而另外一些人，可能会有不同的释放途径。会帮助弱小，会看到痛苦的东西就很直接地感同身受，会流泪会心痛。然后他们会在成长的过程中，喜欢帮助别人，喜欢付出、奉献自己。

有些人呢，从小就对无垠的广阔的宇宙，对那些未知有兴趣。他们会发明、创造，会把生命专注在不同的领域上去。比如有些人会喜欢天文，对无垠的宇宙和遥远的星星有兴趣；有些人会喜欢昆虫植物，对这个世界的各种生物饱含好奇心；有些人会对声音对图像产生莫大的兴趣……他们的生命会更多地释放为爱与创造。

04

释放为内耗——生命的能量消耗于内在的斗争。这一种比较少。我说比较少的意思是，比较少一个人一直这样。但是，它也足够多。意思是，我们每个人都在内耗，一直都在内耗。而这如果足够强烈的话，我们会用一个名词来说：抑郁症。但是这个名词是非常讨厌的，因为它并不能指代真实的生命状况。

总的来说，就是我们既想这样，又想那样；我们既害怕这个，又害怕那个；我们既觉得这样更好，又觉得那样更好……其实我们每个人在生命的某个时候，都会处于这样的情况之下。我们对爱与创造没有兴趣，甚至对破坏与放纵也没有兴趣。

我们对什么都没有兴趣，因为一旦我们有一个声音跳出来说“你去 ×××”，就有另一声音跳出来反驳，“这样 ××× 有什么意思呢？有什么意义呢”。

生命的能量一释放，同时“分化”出两股相反的“意识”，相互抵消，然后剩下什么呢？它必然还有体验的，生命不可能不体验，剩下的体验，可能就是虚无、无意义、湮灭感、幻灭感……注意，它甚至并不是我们以为的痛苦，不是，它更像是一种强烈的无意义感，强烈的虚无感。这个虚无来自两种不同意识的“抵消”，湮灭所留下的“空洞”。

其实很多吸毒、滥交的人，在欲望满足后的那种“空虚”感、空洞感，和这个很类似。这个，估计一说出来，大家都心有戚戚焉！

05

但以上都不是重点，重点在后面。我想说的是什么呢？我想说的是，其实我们同时兼具以上三种状态。只是因为环境条件和

我们的经历，会让我们表达出不同的情况。

一部分人的生命能量，通过爱与创造释放，然后剩下的大部分通过内耗 / 纠结释放，少部分释放为破坏和放纵；另一部分人的生命能力，通过破坏和放纵释放掉了，然后会有内疚感和负罪感，有少部分释放为爱与创造。

而还有一部分，生命的大部分能量会释放为内耗，其实就是说生命的能量被内耗消耗掉了。其实更准确地说，我们大多数的能量消耗在了"内耗"之中。我们想干坏事、想为所欲为、想纵欲，但是又不敢又害怕；我们想无条件地去爱别人，想不顾利害地去追求理想去创造，却又自私又恐惧失去。

06

嗯，我想说以上依然不是重点。重点还在后面。从本质上来说，以上三种方式，其实并无本质的差别。我们认为爱与创造最好，内耗次之，破坏与纵欲最差，其实只是我们好恶的划分罢了。甚至包括我们这个划分，也只是一个体验罢了，与其他体验一样平等不二。

那我想说的是什么呢？我们当然不能一下就达到完全地无分裂，完全地视一切体验，一切选择本质上无分别、平等不二的地步。甚至，我们必然“分裂”——换句话说，我们每个人都是在内耗。内耗是必然的。有价值的是，我们能够越来越清楚地看到内耗的各方以及那背后如海上冰山一样庞大的，隐藏的精微的部分。但是我们可以大约地检视一下我们的行为，它究竟在哪一个层面，哪一个层面更多一点？

07

这是我做这个分享真正的原因。这个分法其实很“粗暴”，生命不会在任何这样的分法里。但是我想说的是，如果这个分法可以让我们去反观，看看自己，那它也是很有价值的。看到，看到是最重要的，我们能够清楚地看到自己在做什么。

我诚挚地希望，或者说我的分享只是希望我们能够看到。因为一切都是看到的结果。前几天和朋友聊天说到，唯一的功德是：

自我/我执的消融。而带来这个功德，带来这个消融的，唯一的功夫是：如实看见。当我们真切地看见，消融自然会出现。

所以，这个分享，我想尽量地简短。我甚至没有给出任何“方法”，比如如何阻止破坏与放纵，如何结束内耗，如何发展爱与创造……因为任何方法都是多余的，唯一的有价值的方法是：真切地，如实地看到。

那些拜忏、站桩、唱诵、持咒、念经等无数的法门，唯一的作用就是让我们如实地看到。而自我的消融，只是看到的“副产品”。因为当你真的能看到，会知道自我只是一个反应机制，是本不存在的。

以下为群内部分讨论：

Anny：不带评判的看好难阿，看到有时也会变成纠正的念头，反而体会活动中练习的经行，关注自己当下做什么时，那时好像没注意到念头了。

吕波：把那个评判也看到，我们不可能不评判。因为评判的素材就隐藏在我们“心里”，它就像一个条件反射的机制：外境——我们的观念、看法——评判。我们第一步要做到的是，先看到这个机制，然后看到机制后面隐藏的我们的观念和看法。然后看到它的虚妄性，然后它“消亡”掉，然后这个反应机制“失效”。我说这个消亡的意思不是消失，不是忘掉，而是你不再受它控制。

Anny：我看到自己老了，我抗拒，这个抗拒是虚妄的，我放不下，就继续受苦，可我还是放不下，还是继续受苦。

吕波：这个你也要去思考。你发现没有？每一天，都是我们生命中最年轻的一天；同时每一天，都是我们生命中最老的一天。我们为什么要纠结这个呢？这就和我之前分享的那个怕死一样的。之所以我们怕死，因为我们从未真正活过。

第四章

老子和庄子，青牛与蝴蝶

北京冬日下午，阳光正好，时间仿佛闪烁着熠熠光辉的金色蝉翼。此情此景，正好分享一个美好的话题。

前段时间，有人在微信公众号留言问我，庄子和老子有什么异同。当时我留言说，我会专门就此做一个分享。嗯，是啊！庄子和老子，道家两座不可逾越的巅峰。当时许下这个分享的愿以后，对于老子和庄子，我的第一反应是两个非常具象的东西。也许这两个东西，正好代表了老子和庄子：青牛与蝴蝶。

相传函谷关总兵尹喜，某日东望日出之地，见紫气八千里而来，知有得道者过此，果见老子骑青牛翩然而至。于是拜为老师，并请求老子留下道德五千言。

庄子在《齐物论》中说，某日庄周梦为蝴蝶，栩栩然自适其意，不知有庄周也，待得醒来后又回到了庄周。不知是庄周梦为蝴蝶，还是蝴蝶梦为庄周？

这两个非常经典的典故，这两个关于老子和庄子的典故，带出了两个非常优美的意象：青牛与蝴蝶。

青牛与蝴蝶，这是两个非常经典的意象，它代表了道家不同的面向，也代表了生命不同的质地。这两种不同的面向和质地，固然是如此的不同，甚至看起来截然相反，然而，他们却并不是分离的。我们看到一棵巍巍然、亭亭然立于无何有之乡，以八千岁为春，八千岁为秋的大椿树，它的枝叶蔓延千里，春日奇花初胎，那是多么伟岸而美好。然而，这样的一棵大树，它的根也必然在地下蔓延千里，深入幽暗的地底岩层。那上接云天，餐风饮露的是庄子；那下探厚土，根扎大地的是老子。

最飘逸潇洒，矫矫不群的生命，必然有着对人性最幽暗微茫，波诡云谲的深刻领悟。高山仰止之下，是幽谷深壑。老子与庄子，一个是极致的平凡，泯然众人矣；一个是高蹈出尘，天子不得臣，诸侯不得友……如果没有了庄子，整个道家便不免俯身委地，甚而沦为厚黑阴谋之学；如果没有了老子，整个道家又不免轻薄浮华，甚而沦为无本之木，无根之草。

我的意思并不是说，《老子》里没有超越蝇营狗苟，绽放生命华彩的篇章；也不是说《庄子》里没有厚重坚实，汲取生活养分的部分。但是，老子和庄子，他们所呈现的生命样态，的确是有所不同的。两个领悟生命真相的人，他们因为各自的质地，而开出不同的花朵，结出不同的果实。珞珞如石，固是实相；碌碌如玉，亦是实相。领悟生命真相的人，按照他们的本性而活。

是水，就从高到低，从溪泉而至江河，润泽千里，却无润泽之心，它只是流动；是木，就拔节成长，从莘莘幼苗而至参天大树，荫蔽万物，却无荫蔽之心，它只是生长。

所以，老子骑青牛出函谷，而不知所终；所以，庄子梦蝴蝶而化游鱼，相忘于江湖。这个世界，大抵会有这样两类人：第一种人，仰望天空；第二种人，扎根生活。

仰望星空的人，其生命翩然而深邃，神思飘摇于迢迢星河之中，六极之外……然而却难免生活低能，人际关系淡泊，他缺乏扎根生活本身的厚度。这类人，应该读读《老子》，让老子那博大而醇厚的无边智慧滋养他，仿佛无物不载的宽厚大地，让他安稳，让他深沉，让他闻到人间的烟火，让他的生命拥有平实而坚定的底色。

扎根生活的人，其生命深厚而低沉，醉心于人与人的生命连接，用心于柴米油盐、一语一言……然而他的生命却难免锱铢必较，只能看见眼前的名利与控制，他的生命缺乏对现实的超越。这类人，应该读读《庄子》，让庄子那奇异瑰丽的智慧，带他领略浩瀚无垠的广阔宇宙，让他好奇，让他飞扬，让他疏离于功名利禄机心算计，让他的生命拥有超越现实的翅膀。

生命本自具足，本自圆满。生命具备所有的面向，然而我们却因为执着于自己的经历、知识等，只打开最浅表的部分，而无视其无穷的可能。当我们探索生命，向深处，我们总会遇到老子；向高处，我们总会遇到庄子。

当然，老子也在高处，庄子也在深处。在深处的庄子，他化为老子；在高处的老子，他化为庄子。老子是庄子的根，庄子是老子的花儿。老子是上善若水，庄子是不系之舟。老子是现实主义，庄子是浪漫主义。道家因为有了老子，同时又有了庄子，所以才深沉博大，又光芒万丈，仿佛一只栩栩然有着蝴蝶翅膀，悠游于天地之间的青牛。

《道德经》：圣人不积

信言不美，美言不信。

善者不辩，辩者不善。

知者不博，博者不知。

圣人不积，既以为人，己愈有；既以与人，己愈多。

天之道，利而不害；圣人之道，为而不争。

《道德经》第八十一章

01

九百多年前，大文豪苏轼写过一句诗："人似秋鸿来有信，事如春梦了无痕。"大雁是候鸟，每到秋天便从北方飞到南方过冬，从未爽约，这就是"信"。真正应验的话，听起来并不美。而真正听起来美好的话，往往并不可信。

福如东海长流水，寿比南山不老松。这是我们常常祝愿老人生日的话，但这只是一个美好的祝愿，并非信言。从来没有一个人的福泽，永远如流水不断的；也没有一个人的寿命，能如南山不老之松一样长久。就像每逢春节，我们祝福人恭喜发财，恨不得钱财如山聚，年画上的聚宝盆里金银财宝堆得散落一地。但这只是我们美言几句。而信言则是：多藏必厚亡。但我们不会说，你少聚点钱财，钱财聚多了，死得难看。我们也常常祝福新婚夫妻，情深似海，不过这也只是我们一厢情愿的美言。而信言却不美，因为往往是深爱必大费，情深不寿。世事总有因果，但人却总有美好的愿望。

02

吉祥的人，并不争辩，而争辩的人不吉祥。因为争辩总是隐含着深深的我执。争辩，初步的表面的原因，是要证明我是对的，你是错的。更深入一点呢？隐藏着要改造对方的企图，甚或让对方受自己所控制，或者自己要控制事情的发展。

网上有句“鸡汤”，说得也有点意思：相信你的人，无须解释；不相信你的人，解释徒有何益？这里说的是，即便受冤枉了，辩白也是无益。当然，这里并不是指法庭上的自辩。这里的辩，其实隐藏着撇清关系，证明自己高明或者清白。而吉祥的人并不这样做。

忘了在哪里看到一个故事：古时候，在日本某个小城住着一位高僧。当时城里有一个年轻美貌的女人，未婚生子。城里人指指点点耻笑她，亲人大怒质问谁是孩子的父亲，女子被逼不过，指说是庙宇里的僧人。一时僧人被群起而攻之，僧人也不置辩，只是默默地将孩子领回来养着。过了好几年，孩子的亲生父亲终于现身，带着女人来要回孩子，给僧人道歉。僧人也不言语，只是交回孩子。这位僧人，有善者不辩的圣人风范。

03

六祖慧能大师，一个文盲，却开悟见性，成为一代宗师，教化万方，门下大师辈出。可见真正知“道”的智者，并不广博。今天微信上一周的信息量，恐怕已经超过了大英博物馆所有的馆藏图书，更遑论今日科技发达，人们上天入地无所不能。但真正知“道”的智者，却寥若晨星；老子说圣人不出户，就可以知天下；又说其向外求得越远，其智慧就越少。为什么呢？因为道，离于一切名相，但又无处不在。我们只有反身而诚，向内诚实地面对自己的心，才能求得大道。

一个向外求的人，即便如何学富五车，博闻强识，对于求道来说，只是愈行愈远。宋代大禅师大慧普觉禅师说：譬如人载一车兵器，弄了一件，又取出一件来弄，便不是杀人手段。我则只有寸铁，便可杀人。禅宗唯论见性。慧能大师说：“不识本心，学法无益。”因为一个求道者，若未悟得自性，即便识得再多经论，做得再好功夫，也只是徒积我执，徒增我慢。而若开悟见性，则郁郁黄花无非般若，青青翠竹尽是法身，拿来便用，应机接物，随缘自在。

05

前面说了很多，下面才是我想说的重点：圣人不积。这四个字，在我心中起码萦绕了一年之久。这一年多来，对这四个字屡屡赞叹，屡屡印证。最初，是因为前年过年，我和雅桐聊起微信群收费的事情。雅桐说："任何财富的积累，都与真理相悖。"

从那时起，我开始真正思考财富的积累的问题。经过半年的思考，我想我对财富这件事思考得差不多了。于是当时做了一个分享，就是《道德经》第四十四章。诚然，财富的积累与真理相悖。但是，这句话只说了一半，还有另外一半。积累财富是没有问题的，有问题的是单纯积累财富，悭吝不拔，藏而不流通，或者拿聚集的财富作恶。所以老子并未说积累财富有问题，只是说多藏必厚亡。

藏，是积而不用。财富不积累，便无法给养，也无法展开创造。因此，积累财富是没有问题的，但老天把财富交到你手上，乃是要你去帮助他人——为爱去创造。这里的圣人不积，当然不仅仅是说财富，它还包括很多东西。

06

前几天我分享的时候，引用了克利希拉穆提的一句话："重要的是一刻接着一刻地觉察，却不累积觉察带来的经验。"圣人不积，扩展到修道上也是一样。我们打坐也好，念咒也好，诵经也好，无论进入了何种禅定境界，无论“证得”了阿那含，还是斯陀含，还是阿罗汉；无论是修到任督二脉通畅了，还是体内结丹要羽化了，还是修到地仙天仙大罗金仙了……只要我们以此为实，都是积。

我们是否可以此刻一坐下来，即便我们已经打坐了二十年，依然如最初坐下来一般，完全是新的呢？我们是否可以完全保持初心，而不是，我已经入定到非想非非想定了，我已经都可以大周天了，为什么还不开悟？为什么还不虚空破碎，大地平沉？

《圆觉经》说：“是故菩萨常觉不住，照与照者同时寂灭。”常觉不住，真好。我们放下世俗的名利，尚且不易。而一个放下世俗名利来修道的人，要放下辛辛苦苦修来的那点身见——见光了，见虚空了，见到身体化开了，气脉通了，拙火启动了……要放下那点见地——一切都是空啦，不要生气啦，世界就是一场梦啦……要放下辛辛苦苦积累的那点“功德”，才是难上加难。这里说的是修道上的不积。

07

不说这么“高深”的道理，且说一个日用的。《伤寒论》最后一条说：“损谷则愈。”意思是，少吃点就好了。是说因为大病初愈，脾胃虚弱，人体能量要用于修复身体。如果吃得太多，反而因为要消化那些积食，牵制用于修复身体的能量。同样地，老话说晚上要少吃。我们平常累了，身体不太好了，往往睡一觉就好了。是因为在睡眠中，我们的身体，自然地恢复到了正常的状态。如果我们晚上吃得太多，睡觉又不运动，则能量反而用于消化积食，而不能用于恢复身体。这是饮食的不积。

世间的名利食色，莫不如是，而出世间的修道，也是这两个字：不积。不但不能积，或者如果自然地积累了，那就要“布施”出去。

08

所以老子说：“既以为人，己愈有；既以与人，己愈多。”一个才华横溢的设计师，在风景秀美的山水间，建了一栋房子。这是他的作品，自然殚精竭虑，房子建得美极了。他便起了藏心，觉得这么漂亮的房子，舍不得给人看见，于是建了一道高大的围墙，把这栋房子围了起来。他建起了围墙，围住了房子，但是他却失去了秀美的山水，失却了他最初选择于山水间建房的初心。他最终醒悟，拆掉围墙，房子与山水交相辉映，浑然一体。他拆掉围墙，反而迎来了取之不尽的山水风月。而且还把房子拿出来做民宿，让更多的人来领略这建筑与自然浑然的融合之美。他不但收获了秀美山水，万古风月，还收获了快乐、缘分和友谊。

09

老子说：“夫唯道，善贷且成。”贷，本义是施予、给予。老子说：道，善于施予和给予，则自然成就。善贷，善于施予和给予。那怎么才算善贷呢？《金刚经》中，须菩提一上来就问佛陀：善男子，善女人，发阿耨多罗三藐三菩提心，应云何住，云何降伏其心。要证得无上正等正觉，应该将心住于何处？如何降服这颗心呢？佛陀说：菩萨应无所住，行于布施……菩萨应如是布施，不住于相……菩萨无住相布施……菩萨但应如所教住。所以，什么叫善贷呢？善贷，就是无住相布施。施予，而无施予之心；给予，而不累积一个“给予者”。否则，施予，给予，反而成了另外一种累积，累积了一个虚妄的自我——“给予者”。

10

《老子》全书，我们都看到两个字：无为。大抵后人评价《道德经》核心也是这两个字：无为。但这里老子又说：为。但为而不争。是什么意思呢？无为，乃是无有为者。没有为者，自然不争。天之道，春夏秋冬，寒来暑往。春生夏长，秋收冬藏。天之道，万物并行不悖，善生万物而不害。所谓圣人无为，并不是什么都不做，而是顺应本性而为，顺应自然而为，顺应天道而为。天之道，生，而不自生；圣人之道，为，而无为者。

《道德经》：如何解决原生家庭问题

民不畏威，则大威至。

无狭其所居，无厌其所生。

夫唯无厌，是以不厌。

是以圣人自知不自见，自爱不自贵。

故去彼取此。

《道德经》第七十二章

昨天在武夷山飞往北京的飞机上读《道德经》，读到这一章的“无厌其所生”，忽然有所感，然后终于贯通了全章。本来我积攒了好多个主题的分享，但我决定先分享这一个。首先，我想说，这一章的第一句“民不畏威，则大威至”，这一句应该是错简，这一句和全章没啥关系，它应该是放在第七十四章的前面。这个我不知道有没有《道德经》的专家考证过，我是读的时候，直观的感觉。

昨天读到这一章的时候，我和朋友说，这一章，其实老子是在说原生家庭问题——当然，老子的说法远远高于这个问题。不过，不妨做为一个开篇。好了，言归正传。

01

无狭其所居。嗯，初看这一句，按照我们今天的字面理解，老子是要让我们买一套大房子吗？说到这里，倒是让我想起一个很有趣的典故：竹林七贤里有一个爱好喝酒的人，名叫刘伶。这个人曾写过一篇著名的《酒德赋》。他每次出行，坐一辆大车，车上装满了美酒，边走边喝；车后命一个人带着锄头跟着，说喝死了，直接埋掉就是了。有人去拜访刘伶，适逢他喝醉了酒，一丝不挂地在屋里乱晃，不禁讥讽道："你也是礼教之人，如此行径成何体统？"刘伶一听，颇不以为然地反唇相讥："我以天地为房屋，以房屋为衣裳，你怎么跑到我裤子里来了？"

听完了这个故事，看到这样一个放旷的、不拘于礼教的人，也许我们对我们所居住的地方有了新的认识。

02

无独有偶。我们不但追求生的时候住着豪华广厦，死的时候也希望住大坟墓，陪葬贵重物品。但庄子的故事，则给了我们新的启示。庄子将死，他的弟子希望厚葬他。他对弟子说：我用天地作为棺椁，用日月作为连璧，用星辰作为珠玑，用万物作为陪葬物品，我的葬礼多么风光啊！他的弟子说，恐怕被乌鸦吃了你啊。庄子说，在上被乌鸦吃，在地下被蚂蚁吃。你干吗非要夺乌鸦口中之食给蝼蚁呢？

嗯，这里的“居”，其实远远不止讲房屋或居住的地方。老子其实是在说——我们所处的地方。

03

更精确地说，是那些我们背负的过往，我们所生的家庭，所生的这副肉身，我们现在所处在的关系。我的朋友圈里有一个人，学佛的。他天生脸上有一个肉疣，这个巨大的红色的肉疣，让他看起来既丑陋又骇人。记得他曾在他的朋友圈里说，正是这个与生俱来的、无法摆脱的肉疣，让他走上了学佛的道路。我们可以想见，他从小遭受了多少的歧视，他自己的内心曾遭受了多少的煎熬。

有些人，天生就聋哑，有些人天生就残疾，有些人天生就是盲人……甚而，就像我知道的很多朋友，出生在父母不和的家庭，父亲或者母亲脾气暴烈，或者偏爱兄弟姐妹，虐待儿女……或者，轻一点的，出生在贫穷的家庭，上不起学，小时候想吃一顿好的都不可得……又或者，我们现在处在一个复杂的家庭关系中，婆媳关系不和，儿女不孝；又或者我们处在政治斗争严重的公司，上司给小鞋穿，下属偷懒不干活，同僚偷奸耍滑争功诿过……我们能怎么样呢？怨恨吗？是的，可能这些阴影会伴随我们很长的时间，甚至一生也不得摆脱。我们能怎么样呢？我们如何看待这些东西呢？

04

我们现在所处的家庭，也许我们可以离婚；现在所处的工作关系，我们可以辞职。但是，我们就是出生在这样的家庭，我们就是天生身患残疾，我们又能如何呢？很多人，可能一生都会处在不停的疗愈之中，只为疗愈童年的创伤，不断地逃避自己不愿意面对的部分。

老子呢，直接给出了终极的“解决方案”。那就是：不狭其所居，不厌其所生。我们天生残疾——我们是我们这个身体吗，我们的童年充满暴虐和歧视——我们是我们的那段记忆吗。如果我们以为那就是我们，那正是狭其所居啊！所以，老子给出的解决方案，是让我们去寻找真正的自己。

05

我们究竟是什么呢？我是谁？如果我们认同这个身体就是我，认同那段记忆就是我，认同这样的那样的角色就是我……那么，我们就被这个身体，这段记忆，这样那样的角色所囚禁。就像我自己，我身高只有 1.6 米，按照今天社会上某一种说法，我就是三级伤残人士。我能怎么样呢？我也曾在漫长的时间里，学生时代，甚至工作很长时间里充满自卑。但是我能怎么样呢？如果我认同这个身体就是我，我认同社会上的标准，男生要长到 1.75 米才正常……那我永远也无法摆脱这个阴影，这个自卑。生命究竟是什么？我究竟是谁？这需要我们自己去探究，而只有我们真正探究到了答案，这些问题才会得到终极的解决。更精确地说，是这个问题才会消失。

06

注意，不是问题得到解决了，而是问题消失了。我的身高并没有长高，但是我不再自卑了——因为我没有这个问题了。所以，你看老子才说：夫唯无厌，是以不厌。

只有当我们找到真正的“自我”，明白了生命的本来，它不是这个残破病痛的身体，也不是那段痛苦不堪的回忆，也不是这样或那样让我们无法忍受的角色，也不是这样那样的各种标准……那个厌弃的“自我”，那个不接受的“自我”消失了，所以我们才能真正不厌弃。

当我们追寻自我，挣脱回忆的羁绊，挣脱这些角色的束缚，挣脱身体的牢笼，生命才得以真正自由。

07

我们知道了我是谁，知道了生命的本来，生命得以逐渐地转化。智慧会将那些不堪的回忆，痛苦的关系，甚至残破的身体，转化为生命的“恩典”。

是的，恩典。虽然，我们最终如其所是，痛苦的回忆就是痛苦的回忆，残破的身体就是残破的身体……但是，当我们真正明白了我是谁，真正明白了生命，这些最终都会转化成“恩典”。就像我在之前分享的那样：当我们不再受自我模式的困扰，那个不断丰富的记忆库，就变成了一个巨大的宝藏。

当我们挣脱所有的模式，不再执着那些自我，存在本具的智慧显露。我们的生命将发生至少两个层面的转化：它让我们更深入、丰富地体验当下；它让我们对他人，对众生的苦乐拥有感同身受的能力。一切的一切，都将回归为一种单纯的体验，带着神圣的光辉——那是存在的礼物。

08

但是，注意：如果我们将这些体验，作为一种自傲的资本，那我们就掉入了另外一个陷阱。我们常常可以看到这样的人，他们可能经历过磨难，面临过常人不曾有过的痛苦，背负了常人难以承受的重担……但是在今天，他可能过得快乐幸福，好像终于挣脱了这个束缚。

然后他们就会开始自得于自己的这个经历，一有机会便“痛陈革命家史”，声泪俱下，讲述他当年如何如何悲惨，自己如何如何自强不息，终于达成今天幸福快乐的样子。他开始把这一段经历，这样的出身，作为可以炫耀的资本。

我说的他们，其实就是我们。仔细回想，我们在面对别人，尤其是那些还深陷在我们曾经经历过的痛苦中的人的时候——我们是不是常常满怀炫耀？展示我们的伤疤，以此作为可贵的勋章？所以，老子告诫我们说：是以圣人自知而不自见（xiàn，通“现”），自爱而不自贵。

我们知道那些过往，我们知道那些体验，我们经历过，那些是生命的见证。但是，就像没有两粒沙子是相同的，没有两片树叶是相同的，所以，从根本上来看，也没有任何一个体验是相同的。

我们知道就好了，又有什么是值得表现的呢？又有什么是值得标榜的呢？我们自然珍爱生命，那是珍爱存在的礼物，但我们却不以此为贵，而轻贱他人。

09

因为，很简单，当我们把那些曾经的过往，作为一种标榜，作为一个贵重的东西，我们不过是从一个角色的牢笼，进入了另外一个角色的牢笼；从一个自我的陷阱，跳入了另外一个自我的陷阱。所以，当我们明白了生命的本来，我们只是如其所是，一切对于曾经的苦难、痛苦的标榜，对于今天幸福、快乐过分的表达，都是“余食赘行”。

回到我们今天开始的分享的核心，我们要如何面对我们无法更改的家庭出身，无法改变的身体和病痛，无法面对的过往故事？那只有一个办法，就是不狭其所居——不要将生命局限在这个身体里，这个角色里，这个故事里……那么，生命究竟是什么呢？我们如何挣脱这些局限、禁锢呢？那就是我们此生永恒的主题——去认识你自己。

《道德经》：每个人，都是他自己世界的君王

将欲取天下而为之，
吾见其不得已。
天下神器，不可为也。
为者败之，执者失之。

故物或行或随，或嘘或吹；
或强或羸，或挫或隳。
是以圣人去甚，去奢，去泰。

《道德经》第二十九章

分享这一章，是因为前几天忽然对“执者失之”有点感悟。然后就把这一章翻出来看了看，翻了翻楼宇烈先生的《老子道德经注校释》，高明先生的《帛书老子校注》，都觉得不够尽兴。所以就来胡说八道，发挥发挥。

01

开篇一句："将欲取天下而为之，吾见其不得已。"好像老子这一章，是说给那些逐鹿中原、问鼎九州的英雄豪杰，或者说给那些九重之上、治理天下的人君的话，与我辈升斗小民并无什么关系。

当然，这话固然是说给那些争夺天下、治理天下的人的，但一样也是说给我们每一个人的。事实上，居于庙堂治理天下的君王，与一个荷锄担粪的农夫，并无本质的差别——都是一个独立的生命。春天的上午，阳光明媚，一个站在田垄之间，杵着锄头，踌躇满志地望着刚刚抽芽的菜地的农夫，就是他自己世界的君王。

每个人，都是他自己世界的君王。思虑，筹谋，选择，行动，然后承担后果。没有任何人，可以代替另一个人哪怕活一秒钟；没有任何人，可以代替另一个人觉受任何东西。帝王也好，农夫也罢，每个生命都是独一无二的。这句话听起来很好听，但是背后却是一个残酷的事实：每个生命都是绝对孤独的。我们的作为，大部分都是来对抗这个孤独感罢了。当然，如果说得高大上一点：每个人都是他自己世界的君王。所以，老子这句话，其实是说给我们每一个人的。

02

老子开篇就道出了一个我们不愿意接受的事实，有为地去做，不得而已矣！因为天下的人和万物，各有自然的本性，我们并不能改变他们。我们有为地去做，反而会失败；如果我们想执取，反而会失去。就像我们小学时学的“揠苗助长”那个成语，农夫种田，只能顺应种子自然生长的本性，如果想禾苗长得快一点，有为地去拔这个禾苗，禾苗反而会死掉，必然会失败。

不知道有没有人看过《狼图腾》这本书。狼、黄羊、老鼠，是草原这个生态环境里的部分。在没有人的草原，它们各得其所。黄羊吃草，老鼠吃草根草籽，狼吃黄羊和老鼠。

而我们被教育狼是坏的，残忍的。于是打狼杀狼。但狼越打越少，黄羊越来越多，老鼠越来越多，草原的草就不能顺利地生长，草原这个生态就被破坏了。人类有为的做法，反而破坏了草原这个整体的生态。

而君王治理天下也是一样的。记得好像是明初朱元璋临朝，曾制定了一个法律，铁匠的儿子只能做铁匠；木工的儿子只能做木工；士人的儿子读书做官……这就是违背人自然的本性，焉知铁匠的儿子不会更适合做木工？焉知士人的儿子不会喜欢莳花弄草？你看，朱元璋的后代，就有一个不愿意做皇帝，而愿意做一个木匠，而且还是天才的木匠。这真是对他这个老祖宗这条法律的一个绝大的反讽。

而我们一执取什么，就失去什么。我们喜欢一朵玫瑰，把它从枝头上采下来，我们就失去这朵花了。我们喜欢一个人，当我们想占有他，控制他时，我们就失去这个人了。这朵花就在枝头上迎风摇曳，这个人就在那里做着他喜欢的事，我们看着这朵花，这个人，全然地在一起，我即是他，他即是我，又何所谓得失呢?

摊开的双掌，好像什么都没有，但是流经一切；全然地觉受，好像什么也没有注意，但是色受想行识全体皆现。就像我们听音乐一样，我们只能全然地和音乐在一起，音乐即是我，我即是音乐，音乐与我不二，我们便成为音乐。我们既不能企图留住上一个音符，也不能让下一个音符提前到来。甚至于，我们连此刻的音符也无法“执取“——当我们要细听此刻这个音符的时候，

这个音符已经过去了。

生命就如音乐，只是一个非常非断的“流”。说它非常（连续），因为每一个音符声声在耳；说它非断，正因为这些音符才构成了完整的乐曲。甚至于，一个单独的音符，也是非常非断的。这个音从发出到结束，从强到弱，有着无穷的细节。如果我们足够敏感，将时间足够地拉长，我们怎么知道一个音符是从何开始，从何结束的呢？我们想执取此刻，反而失去了那一刻。

04

所以任何人，任何东西也一样，他们有他们自然的本性。人事繁多，性情各异。有的行前，有的随后；有的性缓，有的性急；有的刚强，有的柔弱；有的自爱，有的自毁……圣人只是应而不施，顺而不为，任其自然罢了！说是不为、不施，但我们总是要做点什么的，因为不做也是一种做啊！

我们能做的是什么呢？只是顺势而为，因其性而施。就像李冰父子治水都江堰，让内江的水一分为二，其一深窄，水流急，带走泥沙；其一宽浅，水流缓，引之灌溉。这就是顺了水本身的特性。就像刘希彦老师解《伤寒论》一样，身体自然会回复到健康正常的状态，当身体因外邪病气太强，不足以回复正常的时候，才呈现出异常的状况，我们称之为“病”。我们去对抗这个所谓的“病”，我们以为我们可以治病，可以灭掉这个病，就是妄自作为。我们只能详察身体自身想干什么，身体它想如何来排掉这个“病气”回复正常，然后顺着身体的所为，顺势而为，才有回复正常的可能。

所以，真正的圣人，只是在静观中，详察世人和万物的本性，顺势而为，因性利导罢了。所以，圣人为道日损，只是去掉多余的东西。去掉多余的淫欲声色；去掉多余的华服美食；去掉多余的广厦宫室。不要让人因为自我的私欲，没有止境地追求华服美食，美色宴乐，贪得无厌。

05

说到这里，忽然想起一件事。小时候，我父亲常常说一句话：鳅鱼黄鳝，你怎么能扯得一样长呢？这是我们四川当地的一句俗话，我已经忘了他说这句话的背景。但是，这正是万物各有其本性的意思。泥鳅短一点，黄鳝长一点，因为我们喜欢长一点，而想把泥鳅扯得跟黄鳝一样长，就会失败。

这就好比我们常常烦恼的孩子的教育问题，我们常常因为自己的喜好，而强行要求孩子去学什么，常常把自己的恐惧加诸孩子身上，不要他们做这个做那个，要他们学这个学那个……我们忘记了每个生命自有其天赋，自有其天然的本性。我们因为恐惧而强制，因为控制他达成我们所想而不愿意放手，也是必然会失败的，甚而失去他们。我们只能静观他们自然的本性发展，因势利导，顺其天性而为，方能让他们快乐成长，长成他们本性的样子。正如开头所说，毕竟，没有一个人可以代替另一个人活哪怕一秒钟。毕竟，每个人只是他自己世界的君王。如果我们妄想代替他，主宰他的世界，设计他们未来的样子，他便被我们所奴役。

所以，甚至不客气地说，那种为别人而活的人，其实是最自私的人。因为我们放弃了对自己的生命负责，又强迫别人为我们的生命负责。我们奴役自己，也奴役别人。但是，毕竟没有一个人能代替另一个人活。我们都是赤裸而来，赤裸而去，带不走任何东西。

生命相互独立，生命又相互连接。生命独立并连接，这并不矛盾，因为这正是生命真实存在的形式。

《庄子》：人除生死无大事

一直有一个话题想分享，但是总觉得想说的太多了，一直都没有说。因为这是一个大话题：关于生死。但是呢，不说，恐怕就一直都没法说了。那就今晚开始吧，能说多少说多少。

最近发了很多之前的旧文章，所以翻看了一下之前的东西。由于领悟逐渐深入，自然发现之前文章有很多的毛边瑕疵，但是也有很多的闪光点。所以，我想，那个完美的语言表达，看来是永远不会到来了。事实上，永远只有当下——此刻的“完美”。

关于生死的分享，我想放在庄子内七篇的《大宗师》里分享。之前《大宗师》已经分享过两篇了，距上一次分享，已够久的了。所以，今晚分享的主题是：道家如何看待生死大事。

01

老话常说：人生除生死无大事。诚哉斯言！但是我们常常认为死亡好像是一个遥远的终点，在遥远的未来等着我们。所以我们活得不知生死，大有一点恍惚不知死将至的感觉，迷迷瞪瞪的，各种追逐各种求索各种折腾。但是不知道大家有没有想过，其实死亡，随时都在。什么叫死亡随时都在呢？意思就是：死亡是永恒的背景——它一直都在。

以前在四川听到过这样的故事，某人打麻将，有一张牌掉地上了，他蹲下去捡这张牌，然后就再也没有起来。如果我们仔细思考，会发现死亡确乎随时都在：我们可能隐患重疾，上一刻还在酒桌上谈笑风生，下一秒却突发心脏病脑溢血死掉；我们可能突遇车祸，上一秒还在车上规划宏图大计，下一刻就丧身轮下；我们可能遭遇入室抢劫，上一刻还在春梦之中，下一刻就被歹徒一刀毙命……

谁知道呢？死亡看起来很遥远，然而，它并不是在八九十岁后的某一张床上等着我们，而这之前可劲造可劲折腾也生龙活虎。死亡是如此迫近我们，就如死神手握一把狙击枪，时时刻刻在不知所在的地方瞄准我们，随机扣下扳机——砰！

02

对于生死的问题，儒家的对待方式是避而不谈。孔子只是说：未知生，焉知死？当然，孔子他老人家说得没错，如果我们真正知道了生，自然就知道了死。而佛家，用死亡来激发人的出离心，激发人探求真理的欲望，《法句经·无常品第一》：“是日已过，命则随减，如少水鱼，斯有何乐？”而道家对于死亡是如何看待的呢？道家并不避谈死亡，而是直面它。相较于儒家和佛家而言，道家对于死亡，更有一份乐观豁达，超然的态度在。

从最粗浅的层面来说，道家首先承认死亡是不可避免的。生死就好像白天黑夜一样，是一个自然的过程，非人力所能抗衡。我们老的时候，骨朽肉坏，齿脱发白，但我们总想拖着这残病老死之躯，苟延残喘地活着也不愿意死去。这都是源于我们对于“未知”的恐惧。我们是如此害怕未知，没有谁知道死亡是怎么回事，所以我们感到恐惧。但我们焉知死亡不是更好的归处呢？我这里说更好，只是一个疑问，对于狭隘的自我来说，它也许更坏。我们垂暮之年，即便诸多痛苦，也害怕去死，用各种方法企图延长哪怕一秒钟痛苦的寿命。这就好像在干涸地面上的两条鱼儿，互相吹着泡泡濡湿对方以得存活。因为我们不舍，舍不得那些身外之物，那些存款、车子、房子、名利、地位、各种关系……但我们执着地那样活着，怎么比得上在渊深的江海之中自由自在，与另一条鱼两两相忘呢？

03

前几天写了一句话：“我消失了，就像一滴水消失于一条河流。”一滴水，无论如何都会干涸，只有将它融入江海之中。一切都是大道的显化，而人之死，也不过是消融于大道之中。这个大道赋予我们形体，用生存让我们辛劳，用垂老让我们安逸，又用死亡来让我们休息。这个让我们生的大道，也让我们死。而从大道的来看，生死泯然，无生无死。

我们原本是无尽之大海，云雾蒸腾而化为一滴水，随机落于四处，它最终仍将归于大海。然而，我们依然恐惧死亡，有没有办法去了解死亡呢？南郭子葵便向女偊问了这个问题，女偊告诉了他方法。注意，这里非常非常重要。这里就是道家超凡入圣的法门，通了这个，便能"了"生死。注意，了生死，并不是"不死"，而是再也没有生死这个问题了。

04

女偊是这样回答的：我寂然静坐，三天后便能外天下；外天下后，我继续寂然静坐，七天后就能外万物；外万物后，我又继续持守虚静的状态，九天后就能外生；当我持守这个虚静的状态，外生之后，觉照就仿佛早上的太阳一样，照得一切存在明净朗彻；当朝彻觉照如初生的朝阳一样，照得内外朗彻，浑然一体后，我能见到那个独立的"照体"，这就是见独。这里就是佛家所谓"灵光独耀，迥脱根尘"的境界了；能见独，则无古今，也就是超越了时间；无古今，而后能入于不死不生之地。那个杀死一切生的，它本身是不死的；而一切生，本来无生，存在自在，本来就在。那个杀一切生者，那个本来存在，自在的，就是"道"。它不生不死，不将不迎，无成无毁。庄子，把这个叫作：撄宁。

05

撄，扰动之意；宁，寂静之意。撄宁，它既是动的，又是静的。动为阳，静为阴，一阴一阳之谓道。于此，证入阴阳原本一体。这个撄宁，就是宇宙万物的巢窠，就是时间的起始和终结，一切生之所处，死之所归的地方。佛陀在《楞严经》中说这个地方："性觉必明，妄为明觉，本觉明妙，觉明为咎。"自性本来清净，它一返照自身，就有了天地万物，森罗万象。

刚才说到见独，见到那个独立的照体，这里说"见到独立的照体"是有语言的矛盾的，当我们说见到独立的照体，本身已经不是独立的照体了。但这没办法，这是语言的局限。总之，见独后，便能超越时间，能入于不生不死之地。记得以前雅桐说过一句很经典的话：时间就是自我。真是一句非常经典的表达。

在这里，见独，自我彻底消失了。那个执着于概念、名相的自我消失了——生死只是一个概念。其实，自我，本身就是一个概念的集合。庄子在这里说："撄宁者，撄而后成也。"那个宁静的如如不动的自性，那个觉照一扰动，万物生成。注意，这里所言的一扰动，好像是有先后的，其实它是没有先后的，因为时间本身也是这一扰动的结果。这里和佛陀在《楞严经》里说的是一样的。觉明为咎：觉照一返照自身，万物生成。

06

这里是无法用头脑来思维的，可以和大家分享一个我自己的经验。2014 年冬日某天早上，我正在路上走着，忽然发现我每踏出一步，就创造了宇宙。我说每踏出一步，其实还是太慢太慢了，我想说的是，我一动念，就创造了一个宇宙。我们一动念，就创造了时间、空间以及万物。我这里说一动念，好像我们可以不动念一样。不是这个意思。我想说的是云门所言：截断众流。

我们的念头如同流水，绵延不断。在那一个时刻，这个如流水一样的念头被“截断”了。截断—相续—截断—相续—截断—相续……在语言的表述上，它好像是一个时间上的过程，但其实不是。因为当我们说截断的时候，是没有时间的，而当我说相续的时候，时间产生了，一切都产生了……这里是完完全全无法思维的，甚至是完完全全无法用语言来表达的。因为一思维，一动念，即是相续。禅宗所谓：言语道断，心行处灭。那是有即是无，生即是死；那是庄子所言：方生方死，方死方生。

前几天毅飞提到他之前说过的：为什么有？然后我们谈到曾在杭州径山寺看到一个话头：什么是无？它不是任何念头和想法，它不是任何境界。它什么都不是——什么都不是。什么是什么都不是？这个问题是一个超级好的问题，它让我们彻彻底底地无法动弹一下。它就是要让我们的自我／心智死在当地。不要去

思考，思考是完全没用的。如果你足够敏锐，倒是可以去思考这个问题：什么是无？

07

昨天的分享中，我们说到，面对生死这个问题，相较于儒家的避而不谈，引导人好好地生活；相较于佛家的激发人的出离心，探求真理的欲望；道家，独独多了一份燕处超然的态度。

今天，我们就举几个《大宗师》中的例子，来看看那些得道的“大宗师”们，是如何面对生死这件大事的。

08

子祀、子舆、子犁、子来四个人相互一起谈论说：如果谁能把无当成头，把生当成脊柱，把死当成尾巴，知道死生存亡本来只是一体，那就可以成为我们的朋友了。说完，四人相视大笑。不久子舆生了病，子祀前去探望他。他生这个病呢，很奇怪，反正就是变得奇怪而丑陋。照子舆自己的话说：伟大啊，造物者！把我变成如此曲屈不伸的样子！腰弯背驼，五官穴口朝上，下巴隐藏在肚脐之下，肩部高过头顶，弯曲的颈椎形如赘瘤朝天隆起。

照我们今天，脸上长了一颗痘痘都不得了了，要毁容了，痛不欲生。如果我们得了这样的怪病，恐怕十有八九不如自杀算了。但是呢，这个子舆跟没事人一样，悠闲自得地走到井边去看他自己的样子，还惊奇地说：哎呀，造物主居然把我变成这样一副曲屈不伸的样子呢！言下之意，充满了惊奇，觉得很好玩的样子。子祀说："你讨厌这曲屈不伸的样子吗？"子舆回答："没有，我怎么会讨厌这副样子！假令造物者逐渐把我的左臂变成公鸡，我便用它来报晓；假令造物者逐渐把我的右臂变成弹弓，我便用它来打斑鸠烤熟了吃。假令造物者把我的臀部变化成为车轮，把我的精神变化成骏马，我就用来乘坐，难道还要更换别的车马吗？"

每次我看到这个拿弹弓打斑鸠，烤熟了吃，我就忍不住想笑啊！如果我们得到什么，那只是因为正好时机到了；如果我们失去什么，也只是因为顺应自然的变化。如果我能安于时机和顺应自然的变化，我又怎么会有烦恼呢？我们之所以不能得到解脱，只是因为我们执着于外物的束缚，执着于这个身体的束缚罢了。

09

不久，子来也病了，气息急促就要死去，他的妻子儿女围绕在床前哭泣。子犁前往探望，说："嘿，走开！不要惊扰他由生而死的变化！"子犁靠着门跟子来说话："伟大啊，造物者！又将把你变成什么，把你送到何方？把你变化成老鼠的肝脏吗？把你变化成虫蚁的臂膀吗？”子来说：父母对于子女，无论东西南北，他们都只能听从吩咐调遣。自然的变化对于人，则不啻于父母；它使我靠拢死亡而我却不听从，那么我就太蛮横了，而它有什么过错呢！大地把我的形体托载，用生存来劳苦我，用衰老来闲适我，用死亡来安息我。所以把我的存在看作是好事，也因此可以把我的死亡看作是好事。

10

子桑户、孟子反、子琴张三人坐在一起议论说：如果谁能相交于无心交往，相互帮助了但又无心帮助；谁能登天入地，遨游于无穷太空而忘掉自己的存在，不知道有开始，也不知道有结束这回事？这三个人，结为莫逆之交。过不多久子桑户死了，还没有下葬。孔子知道了，派弟子子贡前去帮助料理丧事。孟子反和子琴张却一个在编曲，一个在弹琴，相互应和着唱歌：“哎呀，子桑户啊！哎呀，子桑户啊！你已经返归本真，可是我们还成为活着的人，还托载着这副形骸呀！”子贡听了说：“我冒昧地请教，对着死人的尸体唱歌，这合乎礼仪吗？”二人相视笑了笑，不屑地说：“你这种人怎么会懂得‘礼’的真实含意！”

子贡回来后把见到的情况告诉给孔子，说：“他们都是些什么样的人呢？不看重德行的培养而无有礼仪，把自身的形骸置于度外，面对着死尸还要唱歌，容颜和脸色一点也不改变，没有什么办法可以用来称述他们。他们究竟是些什么样的人呢？”孔子说：“他们都是些摆脱礼仪约束而逍遥于人世之外的人，我却是生活在具体的世俗环境中的人。人世之外和人世之内彼此不相干涉，可是我却让你前去吊唁，我实在是浅薄呀！他们与造物者为伴侣，而逍遥于天地浑一的元气之中。对于他们来说，生和赘瘤并无两样，而死，也不过像毒痈化脓后溃破了，像这样的人，又怎么会顾及死生好坏的存在！像他们那样的人，忘乎生死好坏，知道万物各各不同，相互转化，但是它们的本体只是那同一个罢了。他们又怎么会烦乱地去炮制世俗的礼仪，而故意炫耀于众人的耳目之前呢？”

11

好了，故事差不多了。从这些故事中，我们隐约可以看到，道家对于生死的那一份超然态度。庄子用了六个字，十分精到：不乐生，不恶死。这就是道家的顺其自然的态度，这份态度，我们今天看来简直是超然物外，不得了得很，但是呢，他们只是自然而已！可我们作为凡夫，却做不到自然。因为我们恐惧死亡，恐惧未知。

前段时间，有一次我本来想分享这个话题，但是那一次时机还未成熟，所以我先在群里抛出了这个话题，大家回答各异。可能我们都曾经在人生的某个时刻恐惧死亡，害怕那个终极的不知道，彻底的不知道，带走我们的所知道。但是大家有没有发现呢？其实我们所谓恐惧死亡，但我们那时可能并未真正面临死亡。我们只是一种对恐惧的恐惧。我们想象死亡，然后恐惧这个想象中的死亡罢了。事实上，我们那时恐惧的并非“死亡”，并没有一个死亡来让我们恐惧。我们其实恐惧的是不知道。

12

面对这个不知道，我们会有不同的选择，大概有三种：第一种，想一想就觉得害怕，然后就拼命转移注意力，逃避这个害怕。但是呢，要知道，这个对于未知的恐惧，如影随形，因为它就是人生的影子。所以，我们常常不得不面对这个恐惧。所以我们就陷入一种“恐惧—逃避—恐惧—逃避……”的轮回之中。这是绝大多数人的选择。

第二种呢？会深入地去思考这个问题，然后发现反正都得死，想破脑袋也想不出来了，就这样吧，该吃吃该喝喝，该干吗干吗去了。这一类人呢，会活得比较洒脱，虽然偶尔还是会面临死亡的恐惧，但是基本不太会没事找事，没恐惧找恐惧了。这种人已经很了不起了！其实那种曾在生活中经历过大病、至亲之人在眼前离世、重大事故比如车祸，曾真切地面对过“死亡”的人，都会在劫后重生中，更加珍视生活，活得比较洒脱。

那还有第三种人，这种人可能会不死不休，非要搞清楚这个问题不可。而能提供这个问题解答的，好像只有所谓哲学、宗教、经典、圣人之类。所以，就开始了所谓的探索之旅，修道之旅。当然，在这条路上，岔路极多。有的人走到外星生命上去了，有些人走到能量链接上去了，有些人走到维度提升上去了，有些人走到偶像崇拜上去了……此处且不谈。我们谈一谈庄子指出的道路。

13

昨天的分享中，我们看到庄子指出了一条探索的道路，就是女偊告诉南郭子綦的路子：见独。对了，说起这个见独，我想起一件事，正好这里说一说。昨天我说，见独，见到那个独立的照体。当我们说“见到独立的照体”的时候，已经不是独了，它是二，因为有见和见的对象。这里有一个语言和逻辑的矛盾，但是没办法，只能这样表述。结果今天我把文章发到顾瑞荣老师的群里，顾老师说有办法的——这个见，可以不读 jiàn，而读 xiàn。“见”通“显”。那个独立的照体自然显露。这真是很好的领悟，我认为他说得很对。

14

好了，言归正传。今天我们说庄子在《大宗师》中，又说了一个法门。说是两个法门，其实是同一个法门的不同表达。这次庄子是借孔子和他的弟子颜回的故事来说的：

颜回：我有进步了！

孔子：说来听听？

颜回：我忘掉仁义了。

孔子：很好，但是呢还不够。

过了几天，颜回又来见孔子。

颜回：我又进步了！

孔子：说来听听？

颜回：我忘掉礼乐了。

孔子：很好，但是还是不够。

又过了几天，颜回又来见孔子。

颜回：我又进步了。

孔子：说来听听？

颜回：我坐忘了。

孔子惊讶地坐起身来，问：敢问什么是坐忘？

颜回：堕肢体，黜聪明，离形去知，同于大通，此谓坐忘。

（这里本来我想直接用我的翻译的，但是还是先上原文吧！因为翻译总会有些难尽之处。）

颜回说：放下肢体的感受，放下眼睛看到的耳朵听到的，放下我们的身体，甚至放下一切所谓智慧和领悟，与那个万物的本体同在，这就是坐忘。

孔子听了后，感叹说：当我们与那个万物的本体同在，就没有了对事物特别的偏好；当我们化为那个万物的本体，就不会再执着于不要变化了。你果然是贤人啊，虽然我是你的老师，但是请让我跟随你学习。

15

关于颜回所言坐忘，我倒想起《指月录》中的一个公案：有一个修道人来参见佛陀，献给佛陀合欢梧桐花。佛陀：放下。修道人放下左手上的花。佛陀又说：放下。修道人又放下右手上的花。佛陀又说：放下。修道人说：我现在两手空空，还放下什么呢？佛陀说：我并不是叫你放下花，我是让你外舍六尘，内舍六根，中舍六识，一时全部舍却，到舍无可舍的地方，就是你安放身命之地。这个修道人听完佛陀的话，顿时了了生死。

16

如果我们想摆脱对死亡的恐惧，恐怕还是得下一番功夫。庄子在《大宗师》中，通过颜回和女偊的口，说了两个方法。这两个方法，已经非常清楚了，佛家的法门千千万万，就其本质，依然和道家是一样的。我们可以通过对比知道，颜回的表达，只是表达了女偊所说的另一面。女偊的表达：外天下——外万物——朝彻——见独——撄宁（道）；颜回的表达：舍礼乐——舍仁义——舍六根六尘六识——舍身体舍领悟舍智慧——大通（道）。

女偊是通过持守虚静，颜回的法子是坐忘，本质上都是一样的。

17

最后说一点十分值得玩味的。我们都知道庄子老是用寓言和隐喻，我看这段隐喻真是非常好，非常妙。女偊告诉了南郭子葵“见道”的方法后，南郭子葵问女偊：只有你知道吗？女偊说：闻诸副墨之子，副墨之子闻诸洛诵之孙，洛诵之孙闻之瞻明，瞻明闻之聂许，聂许闻之需役，需役闻之於讴，於讴闻之玄冥，玄冥闻之参寥，参寥闻之疑始。

这里有好几个名字：副墨、洛诵、瞻明、聂许、需役、於讴、玄冥、参寥、疑始。毫无疑问，这些名字都是有其所指的，但是今天我并不打算把这些隐喻都分享出来。我想核心说说最后一个名字，也就是后面一长串名字，都是听它说的，这个名字叫：疑始。这两个字，可以有非常丰富的解读。不过我想稍微收缩一下：疑始——开始怀疑。悟道的开始是怀疑。

如果我们从未开始怀疑，我们怎么会去探究真假？如果我们从未开始怀疑，我们怎么会去探究所谓的真理？如果我们从未开始怀疑，我们怎么会去求所谓的道？所以，甚至我们可以这样说，菩提心中最珍贵的那一点，就是：疑始。就像莲子中的那一点绿芽，有了它，才会抽芽、开花、结果。

禅宗有一个著名的《十牛图》，比喻从开始寻求道最终悟道的全过程。秋阳创巴仁波切对第一幅图“寻牛”的解说非常好：

这是第一步，踏出这一步的动力是你感觉到不对，有什么东西缺失了。这种缺失的感觉让你痛苦。你不顾一切地找寻，想让事情变得对头。你发现，举凡自我试图创建理想环境的努力皆无效。感觉到不对头，觉得缺失，觉得痛苦，开始怀疑，想寻找答案，这就是疑始。它是求道之旅真正的根基，也是破除求道之旅路程上一切障碍的利器。这真是一个好话题，可以永远讲下去。

《庄子》：贵人语迟

再做一个分享，继续《大宗师》。

话说，今天我和一些朋友，去北京门头沟凌沟一位朋友的小木屋玩。同去的有一位法名源澈的法师，法师左手写字，送了我一幅字：严持正语。当时和朋友笑说，法师肯定有神通的，知道我喜欢胡说八道，所以送我这幅字警示我要“严持正语”。实在感谢这位大法师的字，让我时时警醒，少胡说八道。

01

今天比较晚了，所以简单做一点分享。分享的《大宗师》部分，就从这个说话开始。

今天就分享这句：古之真人……其息深深，真人之息以踵，众人之息以喉。屈服者，其嗌言若哇。其耆欲深者，其天机浅。

自从开始接触佛学以后，十来年看南师的书，虽然没怎么打坐，但是对自己的呼吸也是有点关注的。以前我的呼吸虽然比较细微绵长，但是比较浅，大多数时候只在胸部。比较细微绵长，可能是我天性比较疏离，较为清净之故。但是由于没有修持，所以呼吸较浅，说话语速很快（现在我说话语速还是很快，但是比之前好多了）。庄子说，古之真人，其息深深，他的呼吸是很深的，呼吸之间的间隔“息”也很长，一般人的呼吸只在喉间，而真人的呼吸可以直达脚后跟。

我的呼吸没有到脚后跟，所以我不是真人。

02

但是从前年以来，我忽然发现，只要在不说话的时候，自然地可以舌抵上腭。后来又练过几次非常厉害的呼吸瑜伽，然后偶尔又站站桩，打打坐，唱唱诵，所以我的呼吸慢慢地到了腹部的位置。当我的呼吸到了腹部，发现说话的语速就会变慢——更重要的是，不那么爱说话了，说话说多了，会觉得有点伤气，有点累。

古人说：贵人语迟。其实是在说，稳重的人，他的呼吸是深沉而绵长的，所以他说话时，是从下腹部调动气息发声的。据我所知，几乎所有的瑜伽练习，佛家的打坐，道家的练气，都会强调腹式呼吸，强调呼吸的重要性，对呼吸的观照。人活一口气嘛！

03

但是不知道大家有没有发现有一种人，他坐在你面前，会一直不停地说话。有些话会翻来覆去地说。还有喝酒喝多了的人，有些也会这样。为什么呢？当然不是因为他才华横溢，口才超好。而是因为他的气，不是下沉的，而是上浮的。上浮的气，顶到喉咙处，他必须通过说话来发散出去，否则他就不舒服。喝醉酒的人也是一样，酒精催动气血运行，如果这个人平常不练气的话，气很快就浮上来了，顶在喉咙的位置，让他不舒服，催动他不断地说话来散掉这个气。但是，这样是非常耗气的。这就是庄子所言：屈服者，其嗌言若哇。

清代注庄名家郭庆藩说："喘悸之息，以喉为节，言情欲奔竞所致。"总之，呼吸是非常重要的，几乎所有佛道的修习方法，都会谈到呼吸。

04

所以，大家除了在专门的打坐站桩之时注意呼吸，也可以在平常时常观照自己的呼吸，尽量深细绵长。深细绵长的呼吸能让我们平静。比如，我们常常被情绪困扰的时候，或者遇到急事的时候，我们若深呼吸几下，就会觉得好很多。因为身心不二，呼吸和人的觉察程度是有关系的。因此，庄子在最后说："其嗜欲深者，其天机浅。"

一个欲望深重，且执着于他的欲望的人，他天然的自然的生机便很浅，便不容易看破，放下，不易升起出离心。同样地，这样的人，他的呼吸是粗重的，是比较浅的。

05

这两年，偶尔也出去混混。所见之人，大多数都号称修行人。见得多了，便会知道，大多数时候，一个人的修为程度，他的觉察的敏锐程度，其实不用说，通过他的呼吸和他说话的声音便可以知道。大凡呼吸深沉绵长细微之人，其说话的声音会比较沉，比较慢，也会比较悦耳，这样的人觉察更为敏锐细致；而呼吸粗重短浅之人，其说话语速会较快，声音从喉咙发出，会比较浅薄而脆，这样的人觉察则停留在比较粗浅的层面。

当然，每个人的音质不同。有些人的声音深沉好听，但是并不意味着他修行就好，否则中传播音主持专业全部都是大修行人了。主要还是气息的深细，绵长。看说话是否有觉察，是否知道自己在说什么，还是只是被上浮的气顶着，不说不舒服。

今天收了法师这幅字：严持正语。我自己的语速也很快，语声也较薄脆，修行功夫不行啊！与大家共勉，一起进步。

吕洞宾：养气忘言守，降心为不为

下午说今晚分享吕祖的《百字碑》前两句。现在开始吧！这个吕祖呢，就是我们从小看的《八仙过海》里的那个吕洞宾，也叫吕纯阳，道家称他为吕祖。除了《八仙过海》，以前还看过一部《东游记》，好像是台湾和新加坡合拍的。马景涛演的吕洞宾，白衣长发，扮相还蛮帅的。但我倒是对里面的两个女主角印象比较深刻，演何仙姑的那个女孩子和演白牡丹的那个美女，真是很有味道。哎，还是觉得当初的美女比较美啊！哈哈！

01

言归正传，说回吕祖的这个百字碑前两句：养气忘言守，降心为不为。之所以分享这个，是因为前段时间，有位朋友在私信里和我聊天，说起他这几年做生意，做事情，面对很多的机会，每个机会都跃跃欲试，都想去试一把，结果做了好几件事，投了好几个项目，搞得又累效果还不太好。然后我告诉他，这种情况，没办法的，你就得坐着不动。每当有机会来，自己想跃跃欲试，就坐着不动，看着自己那个跳起来的心，想去做的心，去看看它究竟是因为什么想要去做。

是因为仅仅想挣钱？还是想证明自己？还是就是因为闲不住？如果是这些，你都不要做。只有当你看到，这件事我非做不可，我就是想做，不为证明什么，也不为了抓住什么控制什么，甚至不为了赚钱，那这件事就可以做了。这个事情，可以当作今晚分享的一个引子。

02

养气忘言守，降心为不为。这里谈到了养气和降心，正好是道家的性命双修。当然，最后我们可以知道，性命本是一回事。中国文化认为，一气周流六虚，万物都是这一气所演化。一个人健康不健康，我们常常会说，看他的气色好不好对吧！医生望闻问切，望是第一位的，高明的医生看一眼这个人的“气”，就已经知道这个人大概的身体情况了。术士也一样，看相的古代有句话叫“上士望气”，一个人的穷通寿夭，都在气、相上。尤其是30岁以上的人，基本上他之前的一切，他的身体状况，性格为人，生活方式，都在这个“气”上面直接呈现了。

今天大多数男人的气比较浊，而女人的气比较结。一方面，是心理上的原因，因为现在这个物欲比较重，大家又贪心，什么都想要，纠结得很；另一方面，现在人的生活方式也不健康，大鱼大肉，暴饮暴食，又不怎么运动不怎么看书喝茶什么的……那种有清气的人比较少见，而有神气的人就更加少见。

嗯，我的意思是，浊气清气神气，其实每个人都有，只是因为每个人的生活方式不同，心性蒙尘的程度不同，所以呈现出不同的样子罢了。所以，还是那句话，每个人都是本自具足的，都可以变化。修行，如果不能变化一个人的气质，那都是假把式。有些朋友喜欢说，我就是个俗人，然后云云云，好像他一辈子都是个俗人，从小就是，永远都是。其实呢，他也可以变成一个“雅人”，他也可以让清气透出来，端的看他是否意识到，是否愿意罢了。

03

所以，我们看第一句话，养气。气是可以养的。就像孟子说的：我善养吾浩然之气。那养气最关键的是什么呢？吕祖说，叫：忘言守。这个忘言，在我看来有两个层级的意思：第一个层级，忘言，是没什么好说的，忘了要说什么。这是一个果。第二个层级，忘言，是止语。这是一个因。

我们先说第二个层级，止语。之前我在分享庄子的《德充符》的时候，曾经说过，有一种人，他只能不断地说话，你不让他说话，他会很难受。为什么呢？因为他的气往上浮，充塞在喉咙这个地方出不去，他必须通过说话的方式来释放掉这个气。不信我们去看，我们身边那种喜欢说话，话说不停的那种人，其实他大部分是无意识地说话，因为不说话身体不舒服，他的气全部都浮上来啦！所以，止语，闭嘴。

不要让气通过说话的方式耗散掉。但是呢，如果只是止语，强迫闭嘴不说，又会憋住。很多这样的人练习止语，结果练得一脸乌青，脾气火暴，嗔心特别重。那是因为这个气没有得到合理的引导，憋住了。所以止语要配合打坐，观呼吸或者站桩等功法，它的目的是让气沉下去。

很多修净土宗念佛的，很精进，每天几万遍十万遍地念佛，好多都是默念，基本全天“止语”了，如果没有很好的对气（能量）的引导和修习，就会一脸乌青，而且嗔心很重。所以，止语当然是养气的非常重要的法门，因为其实说话是很耗气的。

04

另外呢，我觉得止语还有一种作用，这种作用是更重要的。不知道大家有没有发现，我们常常会在面对某种情况的时候，条件反射地想发言。大多数的时候，是别人说了什么，我们条件反射地忍不住地想说话。尤其是身边很亲近的人，大多数时候夫妻吵架就是这样来的。如果你细心就会发现，夫妻吵架前几句，双方基本都是条件反射式的那几句。

还有路怒症这种，看到别人一下车就骂“傻 ×”。其实这种情况非常多，无意识地冲口而出地说一些话。有时候还会很伤人，说了才后悔，但是当时就是忍不住脱口而出。其实这就是——业力。一些惯性在左右我们，按一些固有的模式说话。这个时候，止语就有了更重要的意义。

当我们遇到让我们想脱口而出，说某些话的场景的时候，因为我们练习止语，可以清楚地看到那个“业力”，清楚地看到自己为什么想说那样的话，背后的驱动究竟是因为什么。这个想说的冲动，被止语抑制了，产生一个“作用力”，正是这个作用力，让我们得以看到我们的业力习气。慢慢地，我们就可以看到很深入，看到一些非常细微的习气、惯性、执着的观念等。

总之，这个方法能让我们看到——我执。一开始，这个止语是要强迫练习的。所以，叫忘言守，是要守住的。防我之口，甚于防川。经过长久的深入的止语练习，一方面从生理上来说，我们的气沉下去了，没有非要说话的欲望，也不太会多说话；另一方面，从心理上来说，慢慢地我执消融，自我的模式解体，固化的观念被看破，再面对之前那些看不惯的、会生气的、会愤怒的情况，想跳起来指责大骂的情况，慢慢地减少，自然地，也不太会有什么话说了。

真正的忘言，并不是什么话都不说，而是不被业力习气控制说话；不为了证明自己高明说话；不为了撒气发火说话……他只是遇到了这样的一个情况，自然地就这样说了。说了就过了，过了就忘了。这是最终的忘言——终日言而未曾言。

再说，降心为不为。其实这里的核心意思，理法上和前一句差不多。只不过前一句在说语言上的，这一句在说行动上的。佛家说严防身口意。我们只能通过对语言与行为有意识地控制，从而来看到我们的心。我们降服这个如猴子一样上蹿下跳的心，这个如野牛一样疯狂的心，最好的办法就是安静下来，什么也不要做。安静地观照，就是那个驯服猴子的笼子，就是那根驯服野牛的绳子。

因为什么也不做，也是一种做。所以叫：为不为。换一个说法叫：做不做。我们坐下来，观照自己，什么也不要做。慢慢地，我们就可以看到那些想要做什么的心，逐渐升起。这个时候，我们不要跟着这个想要做什么的心跑掉，而要坐着不动，安静地看着这个想做什么的心，它为什么想做这个。拿起手机看一下？——无聊，想打发时间。找本书来看一下？——恐惧浪费时间，恐惧落伍。打个电话给 ××？——害怕被人遗忘。

类似这种的，每当我们这样安静地坐着，便能看到各种心一个一个地升起，有些强烈到你差点就起身去做了，甚至你曾是它的手下败将。经由这样的练习，我们也可以看到我们的各种想“作”的心。慢慢地，我们可以将这种练习，运用到生活和工作中去。

06

还是拿开头我和朋友聊天，说到生意机会那个来举例。老王找我去做文化投资，我很想去——我丈母娘老是嘲笑我没文化，粗人，哼，我就要证明给她看，我还是有文化的；老张找我做金融，我也很想去——因为我很想赚钱，金融行业啊，暴利啊，现在哪个实体经济行业还有这么高的利润？老子就是要开一家餐馆——奶奶的，老李惹我生气了，他开餐馆的，老子就在他对面开一家，老子抢他生意整“死”他！慢慢地，我们就可以看到我们的证明、贪欲和控制等心。

当然，还有一种情况，当我们升起一个冲动，发现做这件事的动机，真的就是因为热爱，但是我们同时也发现了我们的恐惧，我们的害怕。我真的很想辞职做一个专业的自由作家——但是不行，作家都很穷的，我这份工作还不错，不能辞职。我真的很想做一个野生动物摄影师——但是不行，我去干这个，会不会没钱啊，没钱怎么办啊？诸如此类。不过，我想很多人都还没有面临这样的选择吧。只是每天干着不喜欢的工作，又不知道自己真的喜欢什么，又不敢辞职不干。

07

而我们安静地坐着，观照这种种升起的心，我们慢慢地就可以分辨，什么是自然的，而什么只是心的造作。我们坐着，什么也不做，安静地观照，我们饿了，必须起来吃饭呀，所以吃饭是自然的。但我今天得去大饭店吃鱼翅鲍鱼，因为前几天老赵说我是个舍不得吃的人，我就吃一回给他看——这就是造作了。

我们坐着，什么也不做，安静地观照，我们困了，当然要睡觉，所以睡觉是自然的。但是你想，不行，我和老公的架还没吵完呢，我宁肯睡沙发也不去床上睡，他要不认错不听我的，我就不睡觉——这就是造作了。所以，自然，就是饥时食来困时眠，很简单的。

但是，如果我们不经过这种“为不为”的练习，我们根本不能分清什么是自然，而什么只是我们心的造作。甚至于，它们本来就混杂在一起。比如我弹琴这件事。我很小就喜欢古琴，但是一直没有机会，直到 2010 年在北京才有机会开始学琴。刚开始弹琴的前两年，我一个上班族，每晚下班回到家吃完饭就 8 点半了，然后开始弹琴，弹到凌晨零点左右，每天三四个小时。也不觉得累，也不觉得自己在坚持。反而有一天没有机会弹，会觉得难受。这当然是我对弹琴这件事的热爱了。但是这里面有没有炫耀呢？有没有证明呢？诚实地讲，是有的。一大堆人坐在一起聊天，你会一件很高大上的乐器，是不是很有面子很有范儿？瞬间也一起高大上？某个茶会雅集上，上去弹一曲，技惊四座，气场爆棚，是不是自我得到了很大的满足？某次遇到一个美女，想不想通过这个技能赢取她的好感？等等等等。

所以，如果不经由这种“为不为”的练习，安静地坐着，什么也不要做，观照自己的练习，不要说这种热爱和欲望纠缠不清的事情分不清楚，甚至，我们都分不清楚哪些是出于热爱，出于本性的驱使，而哪些只是欲望。所以，要降服我们这颗造作的心，升起的各种心，我们必须安静地坐下来，观照自己，什么也不做。这就是降心为不为。

百字碑

［唐］吕洞宾

养气忘言守，降心为不为。
动静知宗祖，无事更寻谁？
真常须应物，应物要不迷。
不迷性自住，性住气自回。
气回丹自结，壶中配坎离。
阴阳生返复，普化一声雷。
白云朝顶上，甘露洒须弥。
自饮长生酒，逍遥谁得知。
坐听无弦曲，明通造化机。
都来二十句，端的上天梯。

吕洞宾：动静知宗祖，无事更寻谁

今天是道家大成就者吕洞宾吕祖的诞辰，借此机会，分享吕祖《百字碑》中的两句。

01

我们在前年分享了吕祖《百字碑》的前两句：养气忘言守，降心为不为。我们安静地坐在这里，看呼吸来来去去，看着自己的念头生了又灭。来来去去，生生灭灭。慢慢地，我们可以体会到——好像有一个知道这些来去生灭的东西，它好像是一直“在”的。它像一面镜子一样，照着呼吸和念头的来去生灭。这个东西是什么呢？

吕祖接着说：动静知宗祖。我们看到这些动的呼吸，这些动的生灭的念头被知道，同时我们也能知道我们安静地坐在这里。我们知道那个一呼一吸的“动”，也知道一呼一吸之间的“静”。所以这个知道呼吸和念头在生灭，来去，在动，它本身并不是我们所谓的“动”——如果它是动的，它就不能知道动。但是它也不是“静”的——如果它是静的，它就不能知道静。所以这个知道动静的，它本身是超越动静二相的。

02

动静知宗祖。就是说，当我们坐下来，安静地看呼吸的来去，念头的生灭。当这些身心的“客尘”渐渐地变“慢”，我们可以体会到一个“东西”，本身是超越动静二相的。它是一切动静念头的“宗祖”。这个东西，我们一般把它叫“觉知”。注意，这个觉知，并不是指我们平常所言的“觉察者”，因为觉察者是我们“作意”出来的一个观察者——当然它也是修行过程中十分必要的。而这个觉察者，也被觉知所照见。

所以，我们这里说的宗祖——觉知，它超越一切动静之有相事物。因为一切有相事物皆被它所照见。我们在打坐也好，或者日常生活中也好，可能可以体会到这个“觉知”，但是我们缺乏对它深入的体会。它往往和作意出来的“观察者”，或者被心智污染的“我”所混淆。但是，如果我们曾有一次真正体会到它，那么，它就必将逐渐显露。

03

不过，值得一提的是，这并不是结束。反而，这才是真正的开始。我们必须不断地、持续地、深入地去体会它。无论是安静地坐着，看呼吸的一往一来，脑子里念头的生生灭灭，还是在日常生活中，照见色、受、想、行、识的来来去去。慢慢地，这些会来去的、生灭的各种相会好像被“剥离”开来，一种“灵明”的感觉越来越凸显出来——讲个比喻，好像被擦亮一样。佛家有句话，叫“灵光独耀，迥脱根尘”。我们体会这个知道动静，超越动静的“宗祖 / 觉知”到如此地步的时候，进入一个全新的阶段——无事更寻谁。

我们会升起全新的领悟，我们不再认一切会生灭的东西为“我”，无论是会不断变化、变灭的肉体，还是会不断变化、变灭的观念、情绪。我们从一切有相的缠绕之中解脱出来，安住于觉知，看着这一切的相，生灭来去。这是毫不费力的。说起毫不费力的，这件事其实只能通过行动去体会，而不能通过语言来获得。为什么呢？不知道大家有没有思考过，毫不费力，其实这四个字我们的心智是无法理解的。因为我们一尝试去理解，它已经不是“毫不费力”了。真正的毫不费力，是超越心智的。它不是分裂，而是不二，或者说是一体。

04

所以，“无事更寻谁”，这句话包含了两层意思：第一，从此以后，不再从任何有相上寻找，不再从任何故事中寻找。我们从一切体验、角色中挣脱出来，安住于觉知。第二，我们安住于觉知。每当我们不安的心，尝试让我们追逐任何有相的东西，尝试让我们去陷入任何故事之中时，这个妄动皆被马上照见，重新回到觉知。

关于第二点，我做一点小补充。事实上，并非我们理解的，所谓的有一种说法叫“让觉知连成片”，或者说“时时刻刻都觉知”。而是，那个灵明的觉知一直都在，反而是我们的分裂升起，立即被“照见”。安住于本觉是毫不费力的，是彻底的“无事”。但是，我们的心智模式，我们的业力和习气会不断地尝试将我们带离，让我们认同这样那样的关于“我的故事”。所以，几乎，这是一个漫长的、永无止境的过程。当我们深入地体会到这个灵明的觉知，我们渐渐地不再认同那些有相的事物，不再认同那些关于“我”的故事。我们会进入一个新的阶段——无事更寻谁。

05

在这个“无事更寻谁”的阶段里，大量的能量被释放出来。这些能量主要是来自两个部分：一方面是我们之前不愿意面对，被压抑的部分——压抑和被压抑都是需要大量能量的。另一方面是我们维护的种种角色——维护角色，也是需要耗费大量能量的。在这个阶段，世界在我们的眼里，在我们的感知里像新的一样，闪耀着熠熠的光辉。我的意思并不是说真的有光，而是说，我们重新像一个孩子一样来看这个世界，一切司空见惯的事物，都如崭新。因为我们开始渐渐从那些概念化的、先验的认知中挣脱出来，我们消除了观念的“隔阂”，可以赤裸裸地去和事物面对面。

同时，因为能量的大量释放，集中，我们得以专注于感知。当然，这依然只是一个阶段，这个阶段因人而异，有长有短。

06

这个阶段过去后，我们进入一个新的阶段：我们会发现，好像我们不知道怎么样生活了。我们不再认同念头，不再认同故事，不再认同“我”，但是我们还是生活在这个世界啊，我们还在和人交往啊。尽管那个时候，我们因为强烈地体验到合一，我们看一切事物一切人，都充满着平和、爱与慈悲。但是，的确，我们会忽然好像不知道如何生活在这个世界了。

因为我们刚刚从我们的故事、我们的观念、我们的情绪、我们的角色中挣脱出来，我们大死了一回，然后涅槃重生，像一个刚出生在这个世界的婴儿一样。我们该如何面对这个世界？好，今晚有点晚了，先到这里，改日有空再揭晓答案，分享下两句：真常须应物，应物要不迷。

第五章

修行路上的三个重要路标

我们的修行就是学会如何不迷失于自身的问题中。

——铃木俊隆

借着铃木俊隆禅师的这句话，今晚我将做一个非常重要的分享。关于修行过程中最重要的三个路标：觉知、观照、寂灭。

01

这个分享，其实我已经酝酿了很久很久。但是一直没有想好如何来做这个分享。主要有两个方面的原因。第一个原因是：我之前不确定它是否能恰当地推动人，还是几乎会不可避免地被我们的头脑／心智／自我（以下统一表述为心智）设想成一个具象的东西；第二个原因是：我一直没有想好如何来分享它。因为我要分享的这三个东西，都是超越心智的。换句话说，它们是完完全全非心智的。一个非心智的东西，如何分享呢？而大家又会如何理解呢？

所以，我今晚的分享，不是拿来理解的，因为心智的理解都不是。但是它可以作为一个指引，指引我们通过某种方式去自己证到它。

02

之所以在临去武夷山的头一天晚上来分享它们，是因为它们和我们这次在武夷山分享《金刚经》有着莫大的关系。可以这样说，起码，我们要对这三个路标中的第一个路标——“觉知”有体证，否则，我们的《金刚经》基本无法谈起。所以，本次武夷山的分享，我临时决定在前一两天，专门和大家一起去体证那个“觉知”。然后再开始分享《金刚经》。

这三个路标是：觉知、观照、寂灭。下面我将尝试分别阐述这三个路标。再次重申，这三个东西，这三个词，并不是我的创造，乃是佛家的名词。它们只是三个名词，《金刚经》反复说，是 ××，即非 ××，是名 ××。这三个词也是一样。它是完全超越心智的，所以，它们只是一个指代，它们不能理解，只能自己去证悟——而我们也一定能证悟。

03

觉知。

关于觉知，我们曾在之前的分享里无数次谈到。我想说的是，我们常常把它认为是一个观察者，一个知道我看到了什么、听到了什么、闻到了什么、尝到了什么、我在想什么等的观察者。我想说的是，这个观察者非常必要，这是需要我们初期刻意去培养的。但它依然是一个分裂，肯·威尔伯称它为：神圣的分裂。所以，这个观察者并不是觉知。因为这个观察者依然被“知道”，也就是说，观察者依然是“觉知”的对象。

待会儿分享完毕，我们可以尝试坐下来，放松自己，慢慢去感受——我们会发现，无论我们看到、听到、尝到、触到、想到什么，都可以被知道，那个知道本身是觉知。这个觉知，并不独立于色声香味触法之外，但好像它也不是色身香味触法。

04

在《阿含经》中，佛陀举例说觉知和它的对象（一切都是它的对象）就像两个相互支撑的芦杆，此有故彼有，此无故彼无。所以，我们可以称它们：不二。不二，但也非一。所以，它一定不是我们的心智，因为心智的任何活动，都是觉知的对象。它是完全非心智的。

一切色声香味触法，无论我们看到什么、听到什么、闻到什么、想到什么……这些都是不断生灭的。但是好像它从未有过生灭。它就是《心经》中那个不生不灭、不垢不净、不增不减的。当我们看到阴沟，我们可能升起肮脏之感。但是那个“知道”知道我们看到的阴沟，并不肮脏——甚至，我们知道我们升起了肮脏嫌恶的情绪，而那个知道我们升起肮脏嫌恶情绪本身的，并没有任何情绪。这个是觉知。

05

观照。

“如实看到”事物的能力。首先，我们需要知道一个境界。这个境界，一般来说，可以通过禅定的方式进入——当然不只是禅定，但禅定可能是最好的方式。这个境界我们曾在之前分享过。我直接拿过来。当我们无论是观呼吸也好，还是无焦点觉察也好，日久功深，到了某一个瞬间，忽然一下，我们就契入了一个境界：一切自然地呈现，流动。就好像一面干净的镜子一样，如实地照见。没有我与外界的界限；没有觉察者，也无所谓觉察的念头……没有对念头概念的解读，没有对念头关联的想法，没有讨厌或喜爱的情绪……如镜照物，如实呈现。

但是当我们一升起念头，哎呀这是什么？或者被某个声音打断后，我们便从这个状态滑出。虽然这是一个境界，但是这个境界非常非常重要。因为从无始以来，我们的心智运作几乎是从不间断的——当然还是有间断的间歇的，所以自性的光芒才有透出的可能，我们也才有修的指望。总之，我们几乎没有体验过心智完全停止运作是怎样的状况。偶尔有之，几乎也立即被汹涌而来的心智拖拽跑掉，滑掉了。而那是心智完全停止运作的状态。

我们必须有这样的体验，必须经历这样的体验，否则我们永远分不清什么是如实，而什么只是我们心智概念化的认知以及由此而引起的情绪。因为，若没有这个“观照”的体验，我们是不会知道什么才叫“如实看见”的。我们以为的“如实看见”，早就被我们的心智污染掉了。这种境界，所以也叫作“入流亡所”——进入存在的流，没有了能观和所观的二元。

古代有个大禅师说：“入流亡所问如何，真照无边说似它。”说似它，还不是它。为什么呢？因为这个境界是无法起用的。没有心智，我们无法起用。因为当我们的心智活动一出现，这个境界就没有了。所以，这个入流亡所的境界，是一个没有任何心智活动的“现量境”。如果我们有了这个境界的体悟，我们可以更进一步地尝试在生活中观照，然后我们可以发现，我们的心智活动，依然是一个“现量境”。如此，我们可以超越心智，并不再将心智执着为“我”。我们不仅可以如实地看到阴沟，同时也如实地看到我们升起了肮脏嫌恶的情绪。此之谓：观照。

06

寂灭。这个境界我真没法多说，因为这个境界非任何练习可以达到，但也不是说不做任何练习可以达到的。它并不是任何禅定的境界，但也不是任何心智的活动。顶果钦哲法王曾说：我们一切的修行，都是为了深入我们的心相续，然后改变它。我们平常，可能绝大部分时间，都在感受不同的东西，色、声、香、味、触，并同时处于心智的活动之中，处于各种情绪之中。我们的心如同流水，仿佛永远处于流动之中。即便是在刚才我们所说，心智完全停止活动的观照境界，但我们依然在不断感受——心不断在“显现”各种感受。而寂灭，是“截断”了心的显现的流——我们深入我们的相续不断的心，“截断”了它。

之所以我把“截断”加了引号，是因为，截断也只是一个说法。它超越断与常，它没有任何参考。我们发现“流动”“时间”“空间”，根本不存在，但又含藏万有。禅宗云门宗祖师云门文偃称它为：截断众流。

这个也是完完全全超越心智的，完完全全非心智的。因为岂非心智，连时间、空间、一切都不存在——又含藏一切——那是完完全全彻彻底底的无限。它不是源头，也非终结；它不是一切，又含藏一切。举个例子：比如电，我们只能看到电的用，电冰箱在制冷、电灯泡在发光、电炉在发热……但我们从未见到过电。电本身存在吗？如果电不存在，这些电器都没法作用。但是我们却见不到电。我们用电笔去查，用仪器去检测，它就显化为电笔上的亮着的小灯，显化为仪器上的变化。所以，我们只能通过电的各种“用”，来了知电的存在。但是，寂灭，它指代的是，我们本身成了“电”，我们和无限本身融为一体。或者说，我们体证到，我们也是无限本身——是无限本身的显化。

07

关于这三个路标，我们先分享到这里。再次说明，不要尝试理解，因为它不是任何理解，任何理解都只是心智的活动。但我们可以去行动，去坐下来，去感悟那个知道一切的觉知，去尝试禅定，让心智完全停止活动。

其次，我想说，入流亡所也好，寂灭也好，它虽然是一个路标，但它并不“特殊”。那个想要特殊化这些境界的，本身就是一个自我。如果我们执着于它，那就是另一种执着，和我们执着于名利美色并无二致。

最后，我想说，这三者其实有着非常深入的关联——它事实是同一个东西的三个不同面。用顶果法王的话说：它们是心的空性，心的明性，以及这二者结合而生的万法。

《圆觉经》：极致的平凡

昨晚说分享《圆觉经》，因为 Wi-Fi 没弄好，所以没有分享，现在开始吧。按照顺序，本来应该分享弥勒菩萨的问题，但我想先跳过这尊释迦牟尼授记，未来当得做佛的菩萨，先分享后面这位清净慧菩萨的问题。

01

清净慧菩萨的问题，核心是问佛陀：希望您老人家能够再次宣说圆觉自性，说一说众生、菩萨、佛他们的所证所得，究竟有些什么差别。也好让后来这些听闻你教导的人，能因此开悟，随顺你的教法渐次成就。

《金刚经》中有一句很有名的话："一切贤圣，皆以无为法而有差别。"这里，佛陀就在宣说，这些凡夫也好，仁人也好，罗汉也好，菩萨也好，佛也好，究竟他们在"无为法"上有何差别。

02

首先佛陀再次宣说了圆觉自性，从根本上讲，没有任何差别。为什么呢？因为从根本上讲，圆觉自性，它本身是没有自性的，但它因它所显化的东西而起。所以在实相中，什么众生、菩萨、罗汉统统是没有的。这些都没有，遑论其所证所得的差别呢？圆觉自性显化一切，其所显化的一切东西，其性平等不二，皆是空性，皆是幻化。知道是幻化，又哪里来的所证所得呢？所证所得，也是幻化。但是众生迷倒，未能除灭一切幻化，于幻化中妄用功，所以以为有证有得。如果明白了如来圆觉自性，自然知道，没有寂灭，更没有寂灭者。这一段有点烧脑，我年初曾有一篇分享《不二》，今天公众号重新发了一次，可以辅助理解。这里再简单说一下。

当我们说圆觉自性显化一切的时候，好像“圆觉自性”是一个本体，而一切万物，意识物质都是它所创造的一样。这是典型的本体论的观念——认为有一个创造万物的本体。事实上并不是这样，注意佛陀这句话：圆觉自性，非性性有，循诸性起。他的意思是，本体和现象是不二的。本体即是现象，现象即是本体。本体和现象不一、不异。之前常常举一个例子：我们看到电灯在照明，电风扇在转，电陶炉在发热……我们看到一切电器在作用，但是我们能看到“电”本身吗？体不离用，用不离体。

如果没有圆觉自性，则没有色受想行识，此是断见，也称为顽空；而如果没有色受想行识，我们不能知道有圆觉自性。就像眼睛不能看到眼睛一样。好了，这个地方不多说。我们接下来看佛陀所言，一切众生、菩萨、佛所证所得究竟有哪些差别呢？

03

第一种：凡夫随顺觉性。

因为我们凡夫，有妄想执着，又我执深重，不知道念念生灭，所以升起憎爱之心，又贪嗔痴慢疑样样不少。反正就是因为执身心二见为我，由此产生分别，好的想要，要了还要，多了又腻，变成坏的，坏的又不想要……由此在轮回之中烦恼丛生。如果这个时候运气好，遇到一个善知识，让我们知道原来我们并不是这些感受，无论是好的感受，还是坏的感受，这些感受都是生灭的。并不存在一个感受者——我。我们就能知道，我们对当下一切发生的对抗、取舍，都是徒然的，都是妄自作为。于是我们慢慢地断却对某事某物的贪爱、嗔恨、痴迷，不再苦心积虑去对抗不想要的，达成想要的，我们感到清净。

我们常常静坐，有点无思无为的样子，好像有点顺其自然的样子，这样让我们觉得清净。但是呢，我们又会贪着于这个清净，因为我们认为这样的清净是好的。这样，这个名为“法界清净”的境界本身成了一个悟入圆觉自性的障碍。这一种，佛陀把他叫作凡夫随顺觉性。

04

第二种，菩萨未入地者随顺觉性。

这第二种，知道了无论我们贪着于世俗的成功，劳心劳力的追求物质，还是我们放下物质的追求、外界的认可，而去寻求心灵的宁静，致力于营造一种自然无为的状态，它们本质上并没有不同。其实本质上，依然还是观念在作祟。因为观念告诉我们，这样是好的，那样是不好的。所以我们得以知道，一切观念，一切看待事物的角度，本身并无好坏高下之别。

我们虽然知道了观念本身的虚妄平等，但是我们依然抓住“觉知”不放。我们觉得有一个纯然的“觉知”在，一切物质啊，情绪啊，想法啊，行为啊等都是“觉知”的对象。我们以为我们只要守住这个知道一切的觉知就好了，就万事大吉了。甚至于，我们企图搞出一个“纯然”的觉知来——就像非想非非想定。那这一种，佛陀称为菩萨未入地随顺觉性。

05

第三种：菩萨已入地随顺觉性。

上一种人，以为有一个“觉知”可以守住，而跟随佛陀的讲解，我们知道，有照有觉，都是障碍，而真正的菩萨，常觉不住。照和照者，同时寂灭。这里是什么意思呢？佛陀的意思是，上一种菩萨未入地者，虽然知道一切物质现象、精神现象都是生灭的，都是虚幻的，都是觉知的对象，但是却守着觉知不放，他以为有一个独立于一切事物之外的觉知存在。于是，创造出了一个新的“自我”——觉知。而这里呢，已入地的菩萨，则已经从一切“自我”中挣脱了出来。就好像一个人自己把自己的头砍掉了，就不能再杀死自己一次。

佛陀教导说圆觉自性也好，化令成佛也好，都只是一个指月的手指，如果我们已经见到了月亮，则觉知也好，圆觉自性也好，这个概念并不是月亮。好比佛陀说，黄瓜是甜的，叫我们去吃。我们之前一直想着甜的味道，以为那就是黄瓜。现在我们已经吃到了黄瓜，品尝到了黄瓜的滋味，我们还管“甜”这个概念干什么呢？我们想一万遍甜的滋味，想象一亿遍佛陀言黄瓜的滋味，毕竟不能等同于我们亲自吃到黄瓜。总之，已入地的菩萨，不再执着于任何见解和概念，也不再执着于任何境界和状态，因为这些正是自我。菩萨，是挣脱一切自我者。

06

第四种，如来随顺觉性。

我们说，菩萨是挣脱一切自我者。菩萨警惕一切自我，不再创造角色。但事实上呢，佛陀早就说过，自我其实是本不存在的，犹如我们眼睛生病了，以为空中有一朵花，其实空中本来没有花，我们妄见空花生灭罢了。但是菩萨依然还不稳定，因为我们的业力习气太过强大，太过根深蒂固，所以我们的眼睛还会时不时地病一下，再次见到空中出现一朵花。所以在大乘显宗的教法里，菩萨还有十个位阶，菩萨还得继续精进啊！但是好在菩萨曾经挣脱过所有“自我”，曾经看破过一切虚妄境界，所以，即便因为一时的业力习气使然，让我们再见幻象，但我们马上就可以再次看破它。

菩萨就是这样不断地医治眼疾，直到发现原来“眼疾“本身也是一个幻象。至此，烦恼即是菩提，障碍就是觉知。这就是如来随顺觉性。佛陀在这里举了十对我们之前认为有差别对待的名相概念，告诉我们，它们本身并无差别。无论是我们看顾到了念头，还是没有看顾到念头，都是解脱；无论是究竟的教法，还是不究竟的教法，都是涅槃；无论是我们崇尚的智慧，还是我们鄙弃的愚痴，都是般若；无论是菩萨所成就的法门，还是外道所成就的法门，都是菩提；无明，真如，不过是同一境界；戒定慧、淫怒痴，都是修行；乃至地狱、天宫，都是净土；一切有性、无性，齐成佛道；一切烦恼，本来解脱。

到这里，便是真正的不二：到这里，便是真正的中道，因为它超越了一切二元，而实无超越者。

07

佛陀在回答清净慧菩萨的问题的时候，重新宣说了圆觉自性，也宣说了四种差别。但是他也说了其本质上并无差别，因为一切的差别都是源自我们的取舍与执着。所以，从本质上讲，我们的修行，只不过是不断地“知非即舍”，到最后，连“知非即舍”也舍掉，直到舍无可舍，自然水落石出。

我们不断地净化，不断地看到自我以不同的面目出现，企图抓取什么来证明它的存在。起初是抓取物质、老公、感情、关系；然后是抓取清净的修行状态；然后抓取见解，我们对世界的看法比其他人高明；然后抓取觉知，以为我们可以和它一样不生不灭；然后抓取有一个佛道可成……

08

最后，让我们来看看佛陀他老人家最后的总结：善男子，但诸菩萨及末世众生，居一切时，不起妄念；于诸妄心，亦不息灭；住妄想境，不加了知；于无了知，不辨真实。那是极致的平凡，极致的随顺自性，没有一丝一毫的证明之心。自我妄见的彻底消融。历来禅宗有三关之说：初关，重关，牢关。初关：明心见性，开悟，明佛知见；重关：悟后起修，历事炼心，大乘菩萨在世间不断消融自我；牢关：彻底消融自我，生命完全地活出来。而这一段，正是指示最后牢关要旨。禅宗称为：向上一路，千圣不传。不是不传，实在是没有前两关的基础传不了。而经历了前两关，自然会到这第三关，而佛陀这段指示，只是“印心、安心”之用。

这一段，也即是密宗大圆满的核心。前面部分，佛陀讲次第，只因我们不能明了寂灭心体，妄有修证，以为有能证所证。而这一段文字，佛陀指示平等一心，任运自然，圆证顿悟之要妙。这一段，我查了憨山大师的注解，实在说得很好。待会我会附上他的原文。但他的原文部分，使用了较多佛教的概念，又是用的文言文，所以此处我用我自己的话，尽量简要地说一说。

09

居一切时，不起妄念。这里核心的词是妄念。慧能大师在阐述禅宗要旨时说：我此法门，无念为宗，无相为体，无住为本。我们说，一切都是念：无论看到一朵花，听到一个声音，心有所想，身体感觉疼痛……只有不断的念头生灭，但慧能大师为什么又说无念呢？佛陀为何又说妄念呢？

事实上这个无念和妄念，佛陀和慧能大师说的是同一个东西，就是：不念上起念。比如，我们走在路上，忽然脚下一松软，踩到狗屎了。踩到了就踩到了，但我们可能马上会接着起念：哎呀，踩到狗屎了，真是倒霉，我要不要回去换鞋子？然后再起念，我今天要去和客户签合同，肯定不顺了啊，怎么办？我还要不要去？……可能你在踩到狗屎，想到倒霉，可能合同不顺利的时候，也可能马上安慰自己，呸呸呸，我这乌鸦嘴，人家都说狗屎运，可能我合同签得更顺利呢？然后念头就像交叉繁殖一样，一直生下去。别说头上安头，都不知道安了多少头啦。

念上起念，用我们今天的话说，就是不分裂，但从上面的例子可以看出，我们凡夫已经在这念头上生了好几个念头了，而且产生了好几次分裂：倒霉的 vs 幸运的；回家换鞋 vs 不回家换鞋；去签合同 vs 不去签合同……唉，我今天就不该走这条小路；哎，肯定是我今天早上做的那个梦不好；为什么前面那个人就没踩到呢？……由此，我们可能还会联想到更多和踩到狗屎毫不相干的事情，把它强行和这件事关联起来，自己折磨自己，徒然在念头之间、观念之间斗争，消耗掉能量。

10

于诸妄心，亦不息灭。这个地方，依然说的是分裂。还是刚才的例子，我们出门踩到了狗屎，我们马上反应：真倒霉，踩到狗屎了。这个时候，我们学过佛的修行人大脑，可能就会马上自责，唉，我们是修行人呢，昨天才听老师说了，一切念头，平等不二，狗屎和石头无二，我为什么要这样想呢？真是修行不到位啊……踩到狗屎了就是踩到狗屎了，当下反应踩到狗屎真倒霉，就是踩到狗屎真倒霉，这事就过了，但我们忍不住用修行的“法”来自我谴责，这就是另一个分裂——虽然这个新分裂出来的有高明知见的修行人，看起来很高大上，但是他的本质，与愚痴凡夫想我今天合同肯定签不了了，并无不同。

11

住妄想境，不加了知。还是接着刚才的例子。我们用修行人的知见，狗屎和石头无二，来谴责自己修行不到位。然后我们“幡然醒悟”，啊，这个踩到狗屎骂运气不好的，是念上起念，是一个分别心，是一个分裂；我这个学了佛的心，认为石头狗屎不二的依然是另一个分别心，另一个分裂。我这都是妄想啊——注意，此时我们在分辨妄想、真实。我们以为我们看到了妄想，但这正是新的一个分裂。

妄想、真实，本身就是一对二元。当我们自然地行动，“一念不生全体现”的时候，无所谓妄想、真实。当我们生出一个指认此境妄想或真实的时候，分裂就出现了。

12

所以，佛陀最后说：“于无了知，不辨真实。”我们以为看到了妄想、真实，但其实是这个观察者一跳出来——分裂产生了。所以秋阳创巴仁波切说，最终，观察者是要消灭的。所以最终，华严四法界的最后一个法界是：事事无碍。没有理了，只有事，理就是事。只有行动，不断行动，无碍的行动。生命在这个时候璀璨地绽放，仿佛跳动的火焰，火焰的每一次跳动不需要任何道理，然而却发光发热美妙绝伦。由此，我们得以完全地“活在当下”，完全地品尝存在的任何滋味，没有抗拒也无所谓接纳。这就是任运自然，与道合真。

附：憨山大师注解

此的示平等安心之妙也。上言位有高下，证有次第者，皆为不了寂灭心体，妄有修证，不忘能所对待，故悟有浅深。

今示平等一心，任运合道，乃圆悟顿证之妙旨也。以众生日用现证，全是如来平等法身，若一念不生，全体自现，故云居一切时，不得故起妄念，以才起一念，即迷现量故也。谓众生妄想，本自无性，元是真心，若息妄求真，似斩头觅活，故云于诸妄心，亦不息灭。以妄想境界，本是一真，不容拟议。若更加了知之心，即是扬声止响，故云住妄想境界，不加了知，不加了知处，即是真知。若起心更辨别求真实，则头上安头，弥增颠倒，故云于无了知，不辨真实。

此道人日用安心的诀，苟能任运如斯，则心心合道，念念证真，不起灭定，而现度生事业矣。从上诸祖，未有不入此法门者。此参禅向上一路，所谓衲僧巴鼻也。

《圆觉经》：不需求真，唯需息见

关于《圆觉经》净诸业障菩萨的问题最后部分。

问：很多经典，还是看不懂的，要烦请波师多分享这些经典。比如《道德经》，就真的看不太懂。更不要说《易经》什么的了，一头雾水。

那就开始分享吧，正好就这个机会，说说我的分享。首先经典不用看懂，只管读就是了，因为那不是拿来懂的。关于经典，我分享的只是我的领悟和经验，给大家一些参考。可不敢说我懂了佛陀、圣人或者菩萨的意思，按照佛经上说，只有初地以上的菩萨，才具备解释经典的资格。而我，只是凡夫一个。

我的分享呢，尽量让大家明白我的意思，懂只是一个方面，如果能够激发大家对于真理的兴趣，或者能对大家有所助益，那当然是善莫大焉的事情。

01

那么，经典究竟有什么意义呢？就我粗浅的认识，我觉得主要有两个作用：激发。真理无时无刻不在召唤我们，它在我们的内在激荡。但是因为我们业障深重，我执坚固，所以平常很难听见它的声音。而经典，则是外在的一个激发，一个撞击，一个敲门……

我们常常有这样的经验，或者我们常常看到这样的人，因为偶然读到或者听到经典中的某一句话，就促成了他悟道的因缘。就像六祖慧能大师，在卖柴的旅店里，听到一个客人读《金刚经》的句子，立即就明白了自己的人生使命一样。我曾经遇到一个法师，就是因为有一天偶然看到一本《阿弥陀经》而出家；还有初次读到经典就流泪的。当然，我们能够知道经典、亲近经典，那当然是福德使然，而能够被经典激发，那更是需要具足的福德。

02

路标。

如果我们常常读经典，就会发现，我们会在生命的某个时刻，忽然明白了经典中某句话的意思——当然，这个明白会逐渐深入——这个明白，就是一种印证；或者，我们在修行的过程中，在最迷茫最无助的时候，忽然心中升起经典中的某句话，这样，我们仿佛看到前人走过的脚印，知道我们未曾迷失。他给予我们力量和勇气。

记得2014年9月，正是我最绝望的时候，在贵阳黔灵山上一座寺庙的围墙上，看到憨山大师的语录：如一人与万人敌。非虚语也！当时心中激荡，热泪盈眶，那种感觉真是难以言表。或者，当我们以为很了不起了，忽然看到那个路标指向更为遥远的地方，它让我们看到更高的山，更深的海，仿佛一记耳光，扇醒我们的骄狂无知。我觉得，虽然是它给予我们印证、给予我们勇气和力量，但根本还是因为我们自身的福德。然而，最大的福德是，它能照见我们的顽劣，让我们知道我们的“我执”如此根深蒂固。

03

今天上午，我建议大家诵读经典，正是这个原因。尤其是现在在做拜忏、打坐等功课的同学。佛法中八正道，第一个就是正见。没有正见的修行，就会常常误入歧途，正如待会我们将在《圆觉经》中分享的一样，认贼作子，尽管勤苦修行，只是给各种毛病浇水施肥。

我们福德不够，难以遇到或者亲近一位伟大的上师，那么，我们就以经典为师，以经典为正见吧！我们内在的上师是诚实，外在的上师是经典，这样，我们就有了双保险，不至于跑偏。好了，言归正传，我们开始今晚的分享。

04

《圆觉经》第九位菩萨，净诸业障菩萨的问题，我们分享的比较长，跨过了一个旧历年，分享了三篇都没分享完。今天应该可以做一个结束。我们先来回顾一下，净诸业障菩萨的问题：如果这个觉心本来是清净的，那是因为什么被污染，而让我们这些众生迷闷不能进入它呢？佛陀直接给出的答案，说那是因为我们执着于我相、人相、众生相、寿者相。我们上一次的分享中，佛陀对这“四相”进行了详尽的解说，总之一句话：凡执取，都不是。

好，今天我们的分享接着上一次的分享，佛陀在解说完这“四相”以后，接着说了一些话。大家知道我读到这些话是什么感觉吗？我建议大家去读读原文，我自己读到这段话的时候，我深切地感受到两个字：“婆心”。真的是殷殷切切，真的是不厌其烦。就像一个望子成龙，既放手让孩子出去闯，又怕孩子走错路的父母一样，千叮咛、万嘱咐！

05

佛陀说：末世众生，因为不了四相，虽经多劫勤苦修道但名有为，终不能成一切圣果。中文的这个“了”字，实在是翻译得好。它包含了理解、看清、超越三个层面的意思。四川成都文殊院有副对联：

见了便做，做了就放下，了了有何不了；

慧生于觉，觉生于自在，生生还是无生。

如果从超越的层面来讲，了了四相，那就是佛的境界。但我们凡夫业障深重，还了不了，别说离佛，离菩萨、罗汉都还差得远呢。但好在净诸业障菩萨帮我们问了佛陀，我们起码可以先从了解、看清开始。那么不了四相，会有些什么问题呢？佛陀接下来详细帮我们指出了一些问题。

06

第一种毛病是什么呢？就是我们常常可以见到的一些言论：哎呀，一切众生就是没有嘛，你空我空大家空嘛！这个谁谁证到了什么境界，那个谁谁悟到了什么果位，那个谁谁破了六识七识八识的，你看我成就多高啊，我证到一念不生全体现了哦。诸如此类！总之，就是认为有证有悟有所成就。嗯，可能大家一看到这里，一下就“方”了！我们学佛也好，修道也好，不就是要有证有悟有成就吗？你这一说有证有悟有成就，就完蛋了，那我们该如何是好？

其实佛陀这里说的是什么呢？佛陀要让我们警惕的是两件事：第一，执着“涅槃”境界；第二，执取领悟、证悟和成就。要知道，我们的“自我”是非常狡猾的。正如宗萨仁波切所说：我们的自我，它知道我们的一切，而我们对它却一无所知。我们的自我会将某些境界或领悟特殊化，然后执取它！这种事，修行圈多了去了，我们自己估计也干过不少。

07

那这会导致什么问题呢？佛陀用了一个比喻：认贼作子。我们跑去放生，这当然很好，然后我们那个“自我”——贼儿子，立马跳出来说，哎呀，今天放生了，我好了不起，救了这么多生命，佛菩萨有没有给我记在功劳簿上？——完蛋，好不容易积累一点福德，又被它败光了。我们领悟到众生平等，这当然也很好，然后那个“贼儿子”又跑出来说，哎呀，这真是一个了不起的领悟，众生平等，你看那谁谁谁就没有领悟到这一点，比我差远了——完蛋，这个领悟又领悟到狗肚子里去了。

你看我们是不是这样，无论我们做了什么，领悟到了什么，证悟到了什么，都会不自觉地被我们的“自我”执取，变成——我领悟、我证到、我成就……我们对物质、金钱、名誉的执着化为雨水，反过来滋润我们对境界、领悟和成就的执着。都是一个执着，又有何差别？我们因害怕生死而爱清净涅槃，岂不知无论生死还是清净涅槃，它的根本是“我执”。在“我”之外，别无生死，也别无涅槃。

08

那还有另外的一种情况，佛陀称它为法不解脱。我们因为有一点点微末的证悟，就自以为清净了，其实呢，还远远没有了我相根本。然后有人赞叹我们，赞叹我们的修法，就心生欢喜，想要度他！如果有人质疑我们的成就、证悟，非议我们的修法，就心生嗔恨。就说这个人诽谤正法，要下地狱什么的。由此可以知道，我们这个“我相”真是根深蒂固，变着各种花样出现。

一开始只是认为我是这个身体，我是这个经历，我是这个回忆，然后现在呢，这个我相，又潜伏伪装成某一个伟大的观点，某一个高深的证悟，某一个牛闪闪的境界……我们这个“我相”，它从未间断过，它只是伪装成了不同的东西，伪装成了我们更不易察觉的东西。所以，佛陀说，修道者不除我相，断然不能入清净觉。我们勤苦修行，所得、所证、所悟，全都被新的自我所利用。佛陀感叹道：真是太可怜了啊。

09

或者我们本来没有证得，偏说自己证得了；明明贪嗔痴慢疑样样俱全，偏偏狡辩说自己都断除了；见到精进的有智慧的同修就嫉妒，这些都是“我相”未能断除的缘故。佛陀殷殷切切地说了这么多需要警惕的地方，搞得我们战战兢兢，如履薄冰，彷徨失措都不知道要如何修行了。

好在佛陀真是慈悲，说了这些要注意要警惕的话后，给我们指出了方法。这个方法，我们可以用八个字来概括——不需求真，唯需息见。意思就是说，如果我们末世众生希望成道，不要去求什么开悟，不要想着用更多的知识，来增长我见。我们只需要勤苦精进地降服我们的烦恼，用大勇力，让未得令得，未断令断。我常常在微信群里看到，或者在后台有朋友向我倾诉，说我烦恼了，我也知道我这个烦恼就是因为我贪婪，我执着，但是还是难受啊，就是放不下啊！套用一句网络用语，就是：臣妾做不到啊！

讲真，这就是佛陀所说，起不了大勇猛心。当然，根本还是因为我们福德不够，信心不坚，力量不足。对于一个修道者来说，去求什么开悟，求什么高深的知识，求什么所谓更高的见地，都是心外求法。如果我们福德具足，就会知道，每当我们贪婪、嗔恨、贪爱、骄慢、谄曲、嫉妒的时候，才是我们真的应该小心谨慎下手，真的做功课的地方。

10

因为我常常分享经典，所以有很多相关的对修行有兴趣的朋友会加我的微信。我常常在朋友圈里看到他们会转发各种文章，这些文章大多数是什么样的呢？这个宇宙原来是多个维度；开悟就是一切都空了；十天打通你的脉轮；××× 记录让你了知前世……大概吧，我估计大家的朋友圈里也有很多这种文章。这种东西呢，我估计大家没兴趣也是假的，我也曾经对多维宇宙、对前世、对神迹充满兴趣，但这些看看也就算了。

在我们群里，我更希望看到大家分享：今天我遇到了什么烦恼，我在这个烦恼背后看到了哪些固执的妄见？我看到我的妄见因为遇到外境，产生了哪些妄心？如果我们福德具足，还能有大勇猛力，自此断除这些妄心妄见，那就真要顶礼，随喜赞叹了！嗯，这是佛陀所倡导的修行——不需求真，唯需息见。佛陀是真语者、实语者，不妄语者。他说，依此修行，就能遇到善知识，就能不堕邪见，就能渐次成就。愿我们能有此福德，依此修行。

《圆觉经》：不要物化任何人

大家晚上好，今晚继续一个很久没有进行的分享，《圆觉经》第十位菩萨，普觉菩萨的问题，最后部分。从一开始分享《圆觉经》到今天，已经快两年了，真是拖不起啊！再次发愿今年分享完毕，愿普贤菩萨加持！

说起来，我为什么要祈请普贤菩萨加持呢？前段时间看闻中先生翻译的印度圣者斯瓦米·辨喜讲述的《行动瑜伽》，忽然一下明白了普贤菩萨所代表的意义。那就是去行愿，去行动，而不要执着于行动的结果。

01

前几天的分享中，我们也谈到，在行动中净化：我们只有不断地发起善念，不断地在实现这个善念的行动中，才能看到我们生起的种种私欲、执着和妄心。只有行动，才有看到的可能。只有看到，才有净化的可能。如果我们不去行动，躲在自我创建的保护城堡里，甚至我们都以为我们一切圆满，没有任何问题呢！

所以，像我这种贪图安逸、懒散的人，真是需要普贤菩萨大力加持啊！好了，言归正传。

02

回到普觉菩萨的问题。之前对于这一章，我们曾经有过两次分享，在上一次的分享中，我们已经将这一章的重点部分分享完毕，还剩最后一部分，这就是今晚我们要一起来学习的。我们先简单回顾一下普觉菩萨的问题：未来佛陀你老人家不在世了，那些圣贤也隐伏不出，而邪法猖獗，我们应该跟随什么样的老师，应该依什么样的法，如何行动，祛除什么样的病，如何发心，才能够不堕入邪见？

之前的两次分享中，我们知道，佛陀对前面最核心的问题，应该依止什么样的人、应该祛除什么样的病已经做了分享。今晚我们核心分享，应该如何发心，才能不堕邪见。但是，这里我想再次简要说一下，佛陀所指出的四种修行中应该避免的问题。主要是八月份去武夷山分享《金刚经》，让我对这个问题有了更为清晰的认识。佛陀说，我们应该避免四种问题：

第一种：作病。就是说，圆觉自性，本来就在，它并非一个努力的达成，也不是一个需要费力的维持。它是毫不费力。

第二种：任病。他也不是说我们经常讲的，想干吗就干吗。事实上，我们根本无法想干吗就干吗对不对？因为我们所谓的想干吗就干吗，其实本质上依然是另一种“作”，欲望的作，恐惧的作。如果我们扪心自问，一定知道，我们根本做不到想干吗就干吗。当然，这不是重点。最终的任运自然，超越我们所有的想象，它既不是想的，也不是不想的。

第三种：止病。这里的止，我个人认为是指心智停止运作的境界，也就是我们之前说的“入流亡所”的境界。在定境中，心智停止运作了。的确，在这样的境界里，没有二元的分别，不受概念和名相的束缚。但是，这样的境界，并不能起用。当我们从这样的境界里一出来，我们又受业力和习气的洪流裹挟。而，本质上，无论我们在任何境界，圆觉自性并不曾改变分毫。止病，依然是作病的特殊变种。

第四种：灭病。这里的灭，我个人认为是指寂灭。在这样的非一切“境界”，非一切相，又含藏一切“境界”，一切相的状态下，当然也没有分别心，甚至连了别也没有——因为“无相”嘛，虽然它含藏一切相。圆觉自性，无论我们在任何境界，任何状态之下，它都本来就在，本来现成。如果我们要保持这样的状态，才是究竟，那它依然是作病的变种。

好了，简单重新梳理了之前的问题。我们再次回到最后的部分。

03

我们应当如何发心？如何对待善知识，如何对待他人？佛陀说："善男子，末世众生欲修行者，应当尽命供养善友，事善知识。彼善知识欲来亲近，应断憍慢；若复远离，应断嗔恨。现逆顺境犹如虚空，了知身心毕竟平等，与诸众生同体无异，如是修行方入圆觉。"

如果我们找到了一位善知识，我们找到了老师，那么我们应该尽力供养善友，真正修道的道友，供养善知识，能够在修行中给予我们帮助的道友和老师。当然，这很难，因为我们总是不断在用我们那可怜的知识和经验在分辨——这个人为什么这样做？居然吃肉，肯定不是善知识，莫不是我认错人了吧？类似这样的。我们也在用我们可怜的知识和经验不断计算——这次我请他吃饭了，他总该给我讲点什么吧？我给他供养了一万块钱，为什么他还骂我？难道我养了只白眼狼？哎呀，你看我一发微信，老师就来了，你看我多了不起。别的师兄请好多次，老师都不来呢。我正和老师相处得好好的，我在老师身上也学到了很多东西，我也尽力供养老师，吃的住的安排得妥妥的，老师还要离开我，去别的地方，哼，这是什么老师，养条狗养三年还和我亲热得不得了，舍不得离开我呢。

04

我的意思并不是说，我们对道友，对上师不要不加分辨。绝不是这样的。而是我们不能以"自我为中心"来进行计算和分辨。一个"自我中心"的人，是无法真正看到什么才是真正为自己好，为众生好的，也无法知道道友和上师言行的意图。有时候，我们需要鼓励，当我们气馁，没有力量继续前行；有时候，我们需要喝骂，当我们骄狂，自以为是；有时候，我们需要导师时刻在身边，感受那种平静的力量，感受导师那种无分别心的接人待物；有时候，导师需要离开我们，当我们以导师为偶像，以导师为拐杖，我们需要自己独自前行独自面对。总之，佛陀教诲我们，要不依赖顺境，也不抗拒逆境。无论顺境逆境，本质上都是一种境，只有我们的自我才会只执着于顺境或逆境。

05

佛陀接着说："善男子，末世众生不得成道，由有无始自他憎爱一切种子故未解脱。若复有人，观彼怨家如己父母，心无有二，即除诸病；于诸法中，自他憎爱，亦复如是。"

佛陀说，我们之所以不能成道，因为我们无始以来的业力习气的种子，未能净化干净。因为有业力习气，所以升起自他憎爱。这里其实还是"自我中心"——为自己的，就是好的，就爱；为别人的，就是坏的，就憎。注意，这里到重点了。如有一个人，观冤家如同父母，心中没有分别，即除诸病。说到这里，很多人会想，要把我们的冤家，如同父母一样对待，说句网络流行语——臣妾做不到啊！这里很容易引起歧义。事实上，佛陀并不是说，我们在实际的行动中，对待冤家和父母一样——给父母买套房，给冤家也买一套……不是的。

佛陀是在说，观冤家如同父母，他在说什么呢？我们看《金刚经》知道，无我相，无人相，无众生相。是说，父母，冤家，我们，都是相，他们从本质上来说都是虚妄的。每一个生命，本质上是平等的。并不是说我就高人一等，父母就高人一等，冤家就低人一等。我们，父母，冤家，平等不二，甚至猫狗鸡鸭，众生平等不二。这是一个源自本心的了悟，观众相本质上的平等。一切众生、山河大地都是圆觉自性的显化，他们虽然不同，但本质上平等。但是在事上，正因为众生不同，所以也不可能一样的对待。事实上，在事上，从来就不会一样。

06

记得之前4月在竹山书院线下活动，曾和dh探讨过类似的问题。她有两个女儿，她希望一样对待她们。给大女儿买了一辆自行车，也要给小女儿买一辆一模一样的；买一样的衣服……类似这样的行为。

爱是一样的，但爱的表现形式从来就不一样，面对不同的人，不同的关系，从来就不一样。其实，如果我们反观自心就可以知道，那个想一样，蕴藏着害怕、控制和证明。从来就不存在一样的事情。大女儿喜欢自行车，小女儿未必喜欢；大女儿讨厌红色的衣服，没准是小女儿的心头好；大女儿需要放松，休息一下，因为她太紧张了，逼自己太紧，而小女儿需要管束，因为她太放任自流……好，这里说到了今晚真正的重点。

07

不要物化任何人和任何关系。物化，我们姑且用这个词。什么叫物化呢？物化的意思是，我们被概念所束缚。把活生生的人当作一个概念化的物。比如：女儿。这就是一个概念，我们观念里有一套标准，对女儿就应该怎么样，但是却不把不同的女儿当作独立的生命个体。如果大家能够稍微自省一下，会发现我们总是在物化不同的人，这个人是丈夫，我就应该如何对他，而他就应该怎么做；这个人是朋友，我就应该如何对待他，他就应该如何对待我……

我们看到的不是活生生的人，不是不断变化发展的关系，而是只看到了我们固化的一个概念，固化的标准。我们用这样的标准来固化自己，也用这样的标准来物化别人。但人是活的，会不断变化的；关系也是活的，也是不断变化的。我们也许可以这样对待一辆车、一杯酒、一件衣服，但是我们不能这样来对待一个人，对待关系。物是死的，它就在那儿，我们固化它可以不变。但人是活的，关系是活的，我们固化在那里，但他是在变化的，关系是在变化的。所以，我们要不断审视我们的观念，我们的执着。

08

今时之我，不同于昨日之我；

今时之他，也不同于昨日之他；

今时之关系，也不同于昨日之关系。

每一刻都是新的。我们妄图用一套死标准、死观念，来框住任何人、来守住任何关系，都是徒劳。生活就像舞蹈，关系就像跳舞。我们只有不执着于任何标准、任何观念，时刻体会、时刻调整，与他人共舞、与关系共舞，才能真正发展出有益于己，也有益于人的关系。当然，这很难，因为它需要我们时刻绵密的观照，时刻小心我们那些固化的东西。所以，我这里想说什么呢？我想说的是，从本质上，我们视众生平等，但是我们也看到众生的不同。只有我们观众生之平等，那本具的悲心才会自然流露出来，才能从心底深处自然地既爱父母，也爱冤家；而也只有我们看到众生的不同，那本具的智慧才能发挥它的妙用，这个人需要鼓励，那个人需要骂他；这个人需要给他钱支持一下，那个人连他手上有的也应该夺走……这的确太难了，它建立在无我之上，建立在“非自我中心”之上。

我们可能都难以做到以上，但是我们可以做到在行动中不断地反观自己，不断地看到我们的善念，也看到“自我”私欲、恐惧、证明、控制等的污染。在不息的行动中净化。

09

说到这里，我还是觉得真的很难。我和大家一样觉得很难。但如果我们有志于求取正道，得究竟解脱，再难，也必须开始。

佛陀告诉我们，这个开始，即是发愿："善男子，末世众生欲求圆觉，应当发心作如是言：'尽于虚空一切众生，我皆令入究竟圆觉。于圆觉中，无取觉者，除彼我人一切诸相。'如是发心，不堕邪见。"如果我们仔细思量，就可以知道，这个发愿，其实也是地藏王菩萨的誓言。安忍不动如大地，静虑深密如秘藏。此之谓地藏。安忍不动，那需要伟大的戒行；静虑深密，那需要绵密的观照。

《杂阿含经》：随顺觉

*自 2018 年 3 月 27 日始，“国学会”微信群发起了“每天学则阿含经”的活动，以下根据群内部学习讨论整理：

《杂阿含经》14

如是我闻：一时，佛住舍卫国祇树给孤独园。尔时，世尊告诸比丘：“我昔于色味有求有行，若于色味随顺觉，则于色味以智慧如实见；如是于受、想、行、识味有求有行，若于受、想、行、识味随顺觉，则于识味以智慧如实见。

诸比丘，我于色患有求有行，若于色患随顺觉，则于色患以智慧如实见；如是受、想、行、识患有求有行，若于识患随顺觉，则于识患以智慧如实见。

诸比丘，我于色离有求有行，若于色随顺觉，则于色离以智慧如实见；如是受、想、行、识离有求有行，若于受、想、行、识离随顺觉，则于受、想、行、识离以智慧如实见。

诸比丘，我于五受阴不如实知味是味、患是患、离是离者，我于诸天、若魔、若梵、沙门、婆罗门、天、人众中，不脱、不离、不出，永住颠倒，不能自证得阿耨多罗三藐三菩提。

诸比丘，我以如实知五受阴味是味、患是患、离是离，我于诸天，若魔、若梵、沙门、婆罗门、天、人众中，已脱、已离、已出，永不住颠倒，能自证得阿耨多罗三藐三菩提。”

时，诸比丘闻佛所说，欢喜奉行。

01

吕波：今天的这则《杂阿含经》真好。佛陀讲了不落二边的如实观照，也讲了为什么我们不能如实。因为有求有行，故而有执取与抗拒，因而妄图控制，这就是妄作。妄作源于无明。这些天的《杂阿含经》，大家能看懂一些吗?

问：“我昔于色味有求有行，若于色味随顺觉，则于色味以智慧如实见。”这句一开始就看不懂，随顺觉是什么意思?

吕波：就是保持观照呀。这里的味，有贪执的意思。

问：那色味、色患、色离都是对色的种种执着吗?

吕波：味讲贪执，患讲抗拒，离讲出离／远离。就是，我们总是处于这三种状态中，难以随顺觉，难以保持如实观照，因此永住颠倒。

02

随顺觉，可以细说一下。举一个例子：我们看到一朵花，可能会生出很多的念头来：比如我们看到一朵花。然后呢，我们升起这朵花真漂亮呀；然后我们再升起，哎！这朵花比那朵花更漂亮一点……随顺觉是什么意思呢？就是我们看到外在究竟发生了什么：这里有一朵花；同时看到我们对这个发生产生了怎样的念头：啊，这朵花真漂亮……一直保持着这种观照。可能我们马上再升起一个心，说，哎呀，我觉得这朵花比那朵漂亮，是我的分别心，然后再升起一个心，这个分别心是不好的。然后，哎呀，我是一个在修行的人，怎么能有这种不好的想法呢？怎么能有分别心呢？

随顺觉的意思就是，我们把这些都看到：我既看到了这朵花；我也看到了我对这花升起的喜悦之情；同时我也看到了我觉得这朵花比那朵花更漂亮；同时我也看到了我在评判这种分别心，认为这个分别心不好；同时我也看到了之所以我评判这个分别心，是因为我觉得我是一个修行人……就是随顺着这些个连锁反应一样的念头的产生，我们始终保持观照，看到它就好了，这叫随顺觉。

念头是在不断变化的，从我们看到一朵花，到最后说我是一个修行人，不能有分别心……其实这个念头的链条中间，经历了很多的变化，这个念头一直在变化，一直在变化。念头是不断生灭的，但是这个观照，一直随顺着变化的念头保持着，这叫随顺觉。但是我们往往做不到随顺觉，可能我们在看到升起分别心，开始自我批判，然后就什么都看不到了，然后就陷入到种种情绪、新的自我批判、各种烦恼里面去了……你就看不到了，那个观照失去了。随顺觉的意思是说，我们随顺着念头的变化，保持观照。如果用《圆觉经》里面说的那句话，就叫：常觉不住。

03

但我们做不到随顺觉，因为我们可能在中间某一个念头的时候，就已经跟着这个念头跑掉了，就是我们随时可能跟着这个觉察的对象跑掉……也就是说我们的定力不够，所以我们才需要各种办法来练定力。如果没有这种练习，你可能在看到花后，第一念升起时就完全跑掉了；然后练习一段时间以后，可能会到第二个环节、第三个环节才跑掉；然后越到后面，可以到很长的时间里面才会跑掉；你能看到这个不断的生灭的念头，很长的时间都不会跑掉……这个要去练习啊，如果你不练习的话，是没有用的。

就是要知道佛陀给我们的这些东西，像《杂阿含经》这样的东西，它不是给我们讲一个道理，我们讲这么多道理有什么用呢？就像网络上说的一句话一样：我们懂再多的道理，也不能过好这一生。对吧？道理没有用的，这个东西得自己去行。就像经文最后一句话叫：欢喜奉行。你得去奉行，你得去做，去观这个念头，去观我们这个念头在怎样变化。

精进

今晚分享一个小话题吧，希望可以在一小时内分享完毕。前几天我在群里说，“国学会”这个群里的很多朋友，包括我自己，似乎都到了一个新的阶段，所以这个话题到了“分娩”的时候。

这个话题关乎佛家“六度”波罗蜜之一——精进。记得我之前做了一次专门针对六度波罗蜜的分享。在那个分享里，我将“精进”的核心奥义释为：逆行。今天，我们就来说说这个主题：精进——逆行。

01

今天，我们这个群的很多朋友，都渐渐地掌握了“看自己”的能力。然后大家也各自找到了一些适合自己的修习法门，打坐也好，拜忏也好，诵经也好，持咒也好……可能一开始，我们都难以坚持下来，但是渐渐地，当我们真的慢慢地在生活中用起来，坚持起来，我们会得到这些法门的“利益”。我们慢慢地可以坐得下来，慢慢地变得清净，慢慢地蓄积了能量，慢慢地可以看得更清晰……并且能从这些法门中得到一种喜悦感。我们渐渐地进入一种相对稳定的状态，我们的觉察力也在逐渐地不断地深入。

02

首先我想说回我自己，我是一个很懒的人，耽于享乐，不太愿意做自己不喜欢的事情。每天弹琴、看书、喝茶、和朋友聊天，做做分享，做做微店，好像也能养活自己。这样，我处在一个相对舒适的区域，不愿意动，不愿意改变，比如出门见人，参加活动，或者主动做什么事情。貌似我的福报“积分”在迅速消耗。所以，今年下半年，我开始增加线下的活动，去不同的城市做分享，并且打算和一些我认为的牛人做一些对话式的访谈，也算边出一步吧！

所以，我这里核心想说的是什么呢？

03

我想先引用《论语》里的一个故事：子贡：老师，贫穷，但是并不谄媚；富贵，但是不骄横，如何？孔子：这样当然很好。但是不如贫穷，却不改其乐；富贵，却好礼。子贡：《诗经》里说：

如切如磋，如琢如磨。就是老师说的这个意思吧？孔子赞道：端木赐（子贡名端木赐），很好啊，可以和你谈论《诗经》了，告诉你前面的意思，就知道它后面的意思了。

这个故事很短，却含义隽永。如切如磋，如琢如磨，是说打磨玉器，反复地琢磨。如果我们去过苏州的玉器工作坊，就可以知道，一块玉石，要成为一块美丽温润的玉器，首先要做粗的切割，然后再进行细细的切割，然后再不断地用砂轮打磨。如果把我们自己比作这块玉石，我们要承受千万次的切磋和琢磨。那是身心反复的、持续的痛苦锤炼。

问：那做人好辛苦哦。

吕波：做人就是苦。众生皆苦。

04

我们常常说一个功夫，千锤百炼，说起来好听，但到事上却是无数次的痛苦烦恼的磨炼。布施——把喜欢的占有的东西送给别人，把自己千辛万苦知道的一些东西告诉别人，痛苦不痛苦？持戒——无数次将可以获得的名利色放弃，把要骂人打人的情绪收住，是不是在切磋？忍辱——无数次受到辱骂，甚至伤害，依然不断信任，敞开，是不是在琢磨？

所以，在这里的精进，它的核心奥义，其实乃是逆行。我们都想做自己喜欢做的事，但，我们既然生而为人，总也要做一些自己不喜欢做的事。否则，那个修行，岂不是变成了培养“自我”

的温床?

05

所以，我们回过头来看子贡和孔子的对话。一个贫穷的人，能够不谄媚，不攀缘，貌似就尽到了本分。但是孔子却说，那还是不如贫穷却不改其乐。如何才能贫穷而不改其乐？颜回就是一个好例子，颜回一箪食、一瓢饮、居陋巷，而不改其乐，是因为颜回安贫乐道。贫穷，但是不攀缘，不嫉妒，不懒惰，心中好道，这就是逆行。

而富人，不骄横，不欺凌穷人，可能就是尽到了本分，但孔子却说，还是要好礼。礼是约束自己，是尊重他人，是扶危济困，

这就是富人的逆行。我们好不容易赚点钱，恨不得买大别墅，开豪车，吃山珍海味，花自己赚的钱，自然不碍着别人。但如果能节制自己的欲望，并尊重不如自己有钱的人，帮助那些需要帮助的人，这是真精进。

06

如果我们在某个法门里待久了，也会养成一种对那个法门的依赖。比如打坐，很多打坐很久的朋友就知道，打坐里会有各种喜乐境界，清快，安乐，平静，喜悦……如果我们持续这样很久，除了喜爱依赖这个打坐，在见地上并无进展，这个时候也许我们应该换一个法门，换一个我们不那么喜欢的。也许我们应该走出去见见人，做做事。

问：安乐、平静、喜悦有什么不好呢？为什么要琢磨自己呢？为了更加安乐、平静、喜悦？

吕波：第一，住于任何境，贪图任何境界都是“自我”；第二，我们本质上也无法住于任何境；第三，真正的求道者，对真理有追求的人，真正勇敢的人，会知道不断前进。

07

这个真的是我的切身体会。

2013 年我辞职创业做一个国学项目，经历失败后，从 2014

年 6 月一直到前段时间，我基本宅着。当然宅这三年于我也是很好的，一方面，身体得到了休息和调整；另一方面，见地也越来越深入，越来越清晰。但是在今年上半年，我开始明显地觉得，我得做点什么了。否则，一条懒虫就真的养成啦，一个趋乐避苦的我就养成啦。正好，在这个时候，我接触到了一位朋友——中国美院的教授闻中老师——翻译的一本书《行动瑜伽》。看了这本书，我忽然一下明白了大乘佛教中普贤菩萨行愿的真实意蕴。

08

另外，我们还可能在所谓的修行中逃避一些东西。借口一些高大上的理由来逃避一些内心真正的渴望，或者责任。比如：努力什么，一切都是空啦，你看那些事业做那么大的人，还不是也要死；什么儿女父母，都是梦啦，管好自己就行了；事情做得这样差不多了，反正成住坏空，最后还不是都要坏灭的……

这让我想起《行动瑜伽》的作者，伟大的印度圣者——斯瓦米·辨喜说过的一段话：对于居住在这个世界上的我们所有人来说，生活就是一场旷日持久的战争……在很多时候，我们都想把自己的软弱和怯懦解释为宽容和弃绝。一位乞丐的弃绝没有任何价值。而一个人若能给出重拳，却选择容忍，其中就具有美德；如果一个人可以得到却选择放弃，其中就有美德。我们知道，在我们的生活中，常常是由于懒惰和怯懦而放弃了斗争，又试图催眠自己的大脑以使我们相信自己是勇敢的。

诚哉斯言!

如果我们足够诚实，一定可以在辨喜大师的这段话中，看到我们自己的影子。也许我们不是那个最勇敢的人，像狮子一样，但也许我们可以一小步一小步地往前走。从我们安逸的环境中走出来，从我们熟悉的状态中走出来，一点一点地，为了他人，为了心中的善，做一些我们不愿意做的事。

所以，第四个波罗蜜——精进，是告诉我们前三个波罗蜜——布施、持戒、忍辱是永无止境的。那是让我们不断从舒适的区域里走出来，清清楚楚地去做，不惧伤害去敞开，忍受痛苦去行动，去和烦恼共处……我想，这是行愿的真意。当我们在持续地看自己后，真的有那么一丝丝的清明，我们一定可以知道，这是唯一的路。永记得雅桐说过的那一句话：“一个只想着自己的人，是没有出路的。”如切如磋，如琢如磨。与大家共勉!

回 向

对了，趁现在还记得，做一个简单的分享。关于：回向。

01

“回向”是佛教的一个名词。就是我们在做完功课后，比如打坐，或者放生，或者念经以后，我们表示我们做这些事情以后的“功德”，就是收获吧，我们自己不要，我们把它献给其他的人，或者其他的众生。

回向，其实就是要破除我们有所得的心。因为我们的惯性就是，我们做了一件什么事情，就想得一个什么东西。《金刚经》里的一句话，说得最为清楚：“以无我、无人、无众生、无寿者，修一切善法，则得阿耨多罗三藐三菩提。”简言之，就是说，我们不要因为做了功课，结果累积出一个新的“自我角色”。比如：一个好人善人，一个精进的人，一个修行人……我不知道大家都怎么做回向，我和大家分享一下我做的回向，很好玩的。

02

起初，我做回向，也和大多数人一样：愿一切有情众生，离苦得乐。然后呢，有一天，我忽然觉得，“愿有情众生离苦得乐”这样的大愿，那是大菩萨发的，很好。但如我等冥顽之人，对于“有情众生”这样的词，还是感觉太过隔膜，没有所指。不如具体一点。于是，有一段时间，我就回向给身边一个人的父亲。因为她父亲得了癌症，正在治疗。我就回向给他，希望他能好起来，希望他能少受痛苦。然后过了一段时间，我又回向给身边一位亲近的道友，希望她能早日断惑证真。还有一段时间，我在想，回向给亲近的人，我们可能比较容易。但是我们可以回向给我们不喜欢的人吗？或者说，我们痛恨的、讨厌的人，甚至伤害过我们的人？

我仔细想了想，我不觉得有谁伤害了我，我也没有痛恨讨厌的人。但是呢，我这个人骄慢心比较重，有很多我看不上的人。当然，主要是一些我觉得胡说八道的“大师”“灵性大咖”什么的。于是，有一段时间，就回向给一个很有名，但我觉得他搞错了方向的“大师”，愿他早日彻证实相。

03

嗯，简单地分享分享。目的是什么呢？我想，群里很多朋友都做功课，做完功课也都会做回向。我不知道大家都怎么做回向，但可能大家也会有和我一样的问题。所以给大家参考。

如果我们对类似“有情众生”这样的大词儿没啥感觉，回向给具体的人也很好啊。首先从身边亲近的，但在受苦的人开始。如果有一点力量，可以回向给我们不喜欢的人。也许有一天，我们就可以有力量，也有那个“功德”，可以回向给“一切有情众生”了。

以下为“国学会”群内讨论：

mm：自己不舒服可以回向给自己吗？

吕波：不要。这违背了“回向”的初衷。其实还有一个更狠的，叫自他交换法。好像是藏传佛教大师阿底侠尊者提出的吧。比如有一个人得了癌症，我们观想把他身上的病气过渡到我们身上来，然后把我们健康舒适的状态交给他。或者一个人在生气、痛苦、烦恼，我们观想他这种痛苦的感受到我们身上来，而把我们平静喜乐的心态给他。这个更难。有人用这种方法给人治病的，真是很伟大。我见过一个这样的人，据说就是用自他交换法给人治病。

mm：我试过一次，结果一半不到自己回不下去了。

吕波：先从可以做得到的做起吧。记得有一个佛学大师，教导他的弟子布施。他的弟子是一个富有的商人，但是呢，很吝啬。他就说，你先想象你把钱，从左手，施舍给你的右手。即便这样，这个富商也做得艰难无比。我说的不是这个富商的吝啬程度，我是说，这位佛学大师真的很慈悲。知道我们这些冥顽众生的心，是如此难以调伏，所以，我们何不从最简单最简单的开始做起呢？

mm：我记得以前有人教过一种锻炼身体的法子，就是想着随着呼气，自己毛孔里出去黑色的不好的病气，但是我总是吸气觉得又吸回来了。

吕波：我做过这个，但是和你说的不一样。就是想象我吸入这个城市里所有人释放出来的痛苦、焦虑、愚痴的气息，就像一团巨大的黑气。我把这团黑气吸入我的身体，然后吐出纯洁的白光，给这个城市里所有的人。随着数息一起。后来做着老是忘，觉得复杂，就简化为每次诵《心经》前三次呼吸这样观想。

jj：我也曾很多次回向给一位生病的人、我讨厌的人。回向后心中的“爱别人心”在增长。我不知道别人是否需要我的回向，但我知道我自己确实需要没有分别心的回向，我是在打坐后把自己的快乐安详回向给这些人。

yh：之前打坐完回向给众生的时候，有点觉得茫然。前段时间听杨宁老师视频说，也可以回向给自己的冤亲债主，让自己有时间精力修行。那回向起来，真是真心真意啊！而且感觉“见效”特别快。

定 力

前几天，我们谈到一个话题：人生就是体验。今天我想把这句话，做一次稍微深入一点的探讨。我想从两个方面来探讨一下这个话题。

01

第一个层面：关于体验的成本。

记得十多年前，大约是 2004 年吧，彼时我还在成都，有一天晚上和一位女性朋友吃着烧烤。然后她接到了一个电话，说有一帮朋友从国外回来了，在某个 KTV 的包房里聚一下，叫她过去。她就带上我一起过去了。后来我才知道，那是一个嗨房，算 KTV 里配置很高的那种，音响巨大。她那十来个年轻的男女朋友在里面吸 K 粉。就是把一种白色的药片，在果盘上碾碎成粉末，然后用吸管吸到鼻子里。然后就像着魔一样，在巨大的摇滚音乐中跳舞，跳到天亮。我是不碰毒品的，为什么呢？因为在那个时候我其实已经很深入地思考了这个问题。截取一段我 2003—2004 年的话，大概那几年我思考的一些记录。这样的记录还很多。

我是忠实的“经历就是财富”理论的信奉者。我相信一切经历过的感受，都将是未来回忆的养料，人生的财富。但是我今天想谈经历的成本。也就是说，其实人生时刻都面临着经历 A 还是经历 B 的选择。那么，如何选择呢？当然就需要计算成本了。譬如杀人。我想很多人没机会经历的。因为你杀了人，触犯了刑法，那么你也将被杀或终身监禁，你就没机会经历其他东西了，所以这个经历的成本太高了。譬如吸毒，你经历了以后，将要用一生的时间来与之耗战，失去了经历其他东西的时间和兴趣，这个经历的成本也太高了。譬如与所爱的人经历一场刻骨铭心的爱情，这份爱情并不怎么影响你经历其他事情，甚至会因为爱而有勇气去经历从前没有胆量尝试的东西，同时，爱情带给你的感受让你终身难忘。那么，这个经历的成本是低的……当然，人生中有很多东西，并不能如此简单地计算。有更多非理性的东西在左右我们的行为。我只是想说，经历得多的人生，才是丰富多彩的人生。

02

当然，今天看起来，这些话有许多可斟酌的地方。但是无妨，那代表我那个时候的思考吧！我还是拿吸毒来举例。对于成瘾性毒品，一方面有法律的风险，可能会坐牢，另一方面，其实是什么呢？据说吸毒的人，基本一生都很难戒除。即便关进戒毒所，生理上戒除了，但是出来后基本全部都会复吸——心理毒瘾戒不了。

我大学是在西昌读的，西昌是毒品重灾区，我大学期间学校曾组织我们去戒毒所参观了一次，看到，也听了很多这样的故事。一个人走上吸毒的道路，他的人生基本就“毁掉了”。走向妻离子散，朋友家人都会被拖入债务的苦海。然后，基本到最后为了毒资，就是借、偷、抢、骗……女人最后基本都卖淫。为了那一时半刻的欢愉，可能已经很难体验到别的事情了。这个体验的成本太高了。

当然，关于体验的成本，这个是很好理解的，但我还想往下再深入一下。不知道大家有没有发现：体验的自由，这个自由的背后，其实是以“戒行”作为基础的。什么意思呢？比如我，我当然也曾对毒品引起的种种“美好感受”——那些吸毒的人描述的种种感受好奇过。但是我没有把握可以战胜“毒瘾”，我自知“戒行”不够，所以，我不配拥有体验毒品的自由。否则，我就会因为体验这个，而沦为它的奴隶。所以，不知道大家是否发现：自由、奴役、戒行，它们在同一个点上转化。任何事情都是一样，我们当然可以体验一切，但是如果我们不能有那样的戒行，那我们会因为体验的自由，而最终沦为这个体验的奴隶。自由，转变成了奴役。这是第一个部分，关于体验的成本。“成本”这个词看起来很经济学，但它其实是一个衡量。其实在这一个点上，我最终想说的是我们的定力、戒行功夫，或者说承担。

03

第二个部分：体验的广度和深度。

杀人放火，吸毒赌博这类的，的确是很沉重的话题。那我们来看一些简单的东西，比如喝茶。喝一杯茶，嗯，我已经体验过茶的味道了。好，我明天换咖啡，后天换可乐……当然，这并没有什么。但是，喝过几次茶，就算体验过茶了吗？对于资深喝茶的人来说，可能会嗤之以鼻。茶的世界太丰富而精微了。不同产区，不同工艺，不同年份，不同的水，不同的器具，不同的人，不同的场合，都会产生很大的变化……

这里谈到的是关于体验的广度和深度的问题。我们当然可以不断换女朋友或者男朋友，体验和不同的人的交往，但是我们可能也会因此失去和一个人关系不断深入的体验。广大与精微，丰富与深入，我们可能就会思考，如何在这之间找到一个平衡。但是，那个理想中的平衡是不存在的，它只是概念性的东西，当我们思考平衡，平衡就已经失去了。

04

所以，在这个部分，我想说的是什么呢？也许我们只能随顺生活的变化，好好地体验当下。口腹之欲也好，肉体的快乐也好，精神的愉悦也好，甚至身体的病痛，痛苦纠结烦恼，都好好地尝到它的味道。什么意思呢？记得之前有两个例子很好，第一个例子是说：如果你没有吃过黄瓜，当你看过很多关于黄瓜的味道如何如何的资讯以后，你就再也尝不到黄瓜的滋味了。另一个例子是说：现今的女人再也尝不到爱情的滋味了，因为她们看了太多关于爱情的书籍、电视、电影，有了太多关于爱情就是什么样，就应该怎么样的观念。在爱情中，她们都在忙着验证脑海中想象的爱情。

所以，在关于好好地体验当下这件事上，如果有什么建议的话，也许我们可以小心我们那些“先验”的部分——那些固化的概念、标准和认知。我们不可能没有这些东西，但是我们可以做到看到它们，不执着于它们。甚至，我们不可能不评判，不升起或反感或喜欢的情绪，但是，没关系，我们可以连这些也看到，也不执着。

05

但是要做到看到这些，不执着这些，却需要一个非常重要的东西，那就是：定力。所以，这才是我们今晚核心要说的。我们只有有很好的定力，才能不沦为体验对象的奴隶，也才能不被自己的习气所驱使。因此，自由，我们姑且立一个自由在这里的话，自由的另一面就是定力。没有定力，那个自由只是欲望或者习气的奴隶，我们所谓的自由意志，不过是化了装的欲望或习气。没有定力，就无所谓自由。

frey：我个人的表述是：没有戒律，就无所谓自由。有时候我在想，聪明人和有智慧的人差别在哪里？就在一个“戒”字上。“戒，即防止行为、语言、思想三方面的过失。”看到“戒”的定义，以为它在限制我们的言行，其实它在表达我们能做什么，它在诠释自由是什么。戒，就是不自欺，不欺人。因为自欺，我们会本能地美化自己的言行，陷入自我催眠。因为欺人，我们会竭尽所能去冒险掩盖侥幸，陷入恶性循环。知道什么能做，可以挥洒自如；知道什么不能做，可以勇往直前。如果肯带着诚实之心追寻自由，就会慢慢看到，真正的自由缘于“以戒为师”。

宁可执有如须弥山，不可执空如芥子许

万事万物

如此鲜明丰富

清晰却不可言说

因鲜明而清晰

因丰富而不可言说

——摘自《波纹》

01

这个分享的缘起，是我在朋友圈看到有朋友看了前几天我分享的《圆觉经》那篇文章后留言说："对嘛，本来就是无修无证嘛，我都没有，一切都是空，还搞这么多东西出来自己折腾自己，折腾个什么？"我那篇文章里说得很清楚，那一段乃是佛陀最后所讲，是有前提的，乃是针对有大乘证悟基础的菩萨所说。

当时想说点什么，但没有契机。今天翻《金刚经》一下翻到这句：“须菩提，发阿耨多罗三藐三菩提心者，为法不说断灭相。”忽然就想到了这句话：“宁可执有如须弥山，不可执空如芥子许。”首先，佛陀所立教法，于圣义第一谛乃是：非有非非有。当然，这个圣义第一谛，也只是名为圣义第一谛。所以，执有，当然也是不对的。但是为何后世的高僧大德会提出“宁可执有如须弥山，不可执空如芥子许”？

02

这句话，乃是针对初修学之人，未能证得空性的人所言。我们开始求道，开示追求真理，可能会接触佛法，听见“空性”一词。这时，我们难免对“空性”有所想象，根据我们的知识、经验，去想象一个什么也没有的“空”。甚至有人在打坐参禅的时候，会进入一个仿佛什么也没有的“无尽虚空”之中，然而好像那里面又什么都有。便以为那是“空性”。不是的，那只是一个境界，名为：虚空境。“空性”并不脱离“有”而存在；并非在“有”之外，独立有一个“空”。空是一切有的属性，当体即空。

03

我们回头接着说，为何后世高僧大德要提出：宁可执有如须弥山，不可执空如芥子许。须弥山是很大的，芥子很小。我们感知到的“有”是无限的，无论是此刻我们手上的手机，还是听到外面的车流声，还是无垠宇宙森罗万象……但是在这“万有”之外，并没有一个哪怕草籽一样小的“空”。

当然，你会说，我的房间就有“空”啊，这个是“空间”。不，你仔细想一想，这个“空间”依然是一个感知的对象，它依然是一个“有”。之所以历代高僧大德提出这个说法，尽管“执有“如须弥山”也是不对的，但相比“执有”，这种“执空”要有害得多。为什么呢？

04

因为我们太想得到一个“东西”了。我们太想有那么一个东西，一旦我们得到，便能从此自由无碍，没有痛苦，没有烦恼，没有家庭、责任、情绪的牵绊，想干什么就干什么。我们得到这样一个“空”。在这个空里，我们用头脑想象它，好像确实没有痛苦，没有烦恼，没有责任，没有身体的困扰，没有犯罪——重要的是，没有因果。但我们仔细想想就可以知道，这样的“空”是不存在的，是我们臆造出来，用来躲避的。我们以为可以用这个“空”来躲避，躲避我们当下的烦恼痛苦。我们借口这个“空”里，没有因果，因此为所欲为，胡作非为。

我想，我们的内心深处，一定知道这是不对的。但我们的“自我”是多么强大啊，它会不断催眠我们，不断说服我们，好让我们紧紧抓住，牢牢抓住这个万能的空。但是生活会用一个又一个

“耳光”让我们清醒。当我们从这个对“空”的想象中出来，从座上那个“虚空境”出来，我们会发现生活中的痛苦烦恼一点都不会少——情绪来了该暴跳如雷还是暴跳如雷；身体该痛还是痛；做了缺德事一样心中不安；犯了罪一样被抓去顶罪……

祖师们说，我们宁愿执有如须弥山。因果是有的——所以，我们要小心每时每刻的起心动念，因为这样可以让我们不断觉察自我的诡计，从而看清动心起念背后的自我模式，从而让我们的自我逐渐消融。六道轮回是有的——所以，我们要时时小心我们的贪着、嗔恨和愚痴，保持对一切苦乐境界执取和抗拒的觉察，因为这样才能让我们渐渐培养那么一点出离心和最基本的正见。因着这份不断提起的觉察，这份最基本的正见，我们得以不断识破自我的诡计。因为最终，不是我们知道了多么高深的道理，不是我们证悟了多么高深的境界，不是我们得到了多么牛的法门，都不是。而是自我的不断消融。因为一切智慧、慈悲，都不是“我的”，它本来就在，它在一切“自我”消失之处。它不是得到，它是水落石出。

06

但是我们的自我太强大了，它会执取我们求道过程中的任何领悟，任何境界。用这些境界和领悟，来执取想要的，对抗不想要的，干脆躲进去。当我们的觉察越来越精微，我们便会不断看到无限的深细的知见执取，而这些所有的执取，统统都是自我。

那时我们便会慨叹，啊，我们的“我执”真是太强大了，它完全了解我们，因为它就是我们，而我们对它却知之甚少。我们以为有几个领悟，读几句佛经，说几句空性就可以搞定它，实在是太天真了。最后，我想以宗萨仁波切的一句话来作为结束：自我总是潜伏在某个地方。如果你对它温和，它就会被惯坏。如果你试着对它严厉，可能会成功地把它从隐藏的地方引出来，但它最终总是可以找到另一个洞穴隐藏起来。自我掌握了你所有的技巧，但是你只知道很少几个它的把戏。

当我们说静一静的时候，是在说什么

今天太阳这么好，做个分享吧。前几天就想分享的，一直没找到好机会。主题是关于：当我们说静一静的时候，是在说什么？

01

《五灯会元》里有一则公案：张拙秀才，因禅月大师指参石霜。霜问："秀才何姓？"曰："姓张名拙。"霜曰："觅巧尚不可得，拙自何来？"公忽有省。乃呈偈曰：

光明寂照遍河沙，凡圣含灵共我家。
一念不生全体现，六根才动被云遮。
断除烦恼重增病，趣向真如亦是邪。
随顺世缘无罣碍，涅槃生死等空花。

今天的分享，就从这句"一念不生全体现，六根才动被云遮"开始。

02

群里应该有蛮多打坐、站桩的朋友。不知道大家是否有这样的体验，我们安静地坐在那里，进行“观”。我说的这个“观”，不是观呼吸的那种“观”，那是另一种观的方式。我说的这种“观”，姑且称为“无焦点觉察”。

什么叫无焦点觉察呢？我们之前有分享，我们的心／意识／大脑，就像一只上蹿下跳的猴子，它既不能什么也不专注，也不能一直专注在一个东西上面。它总是先聚焦在一个念头上面，然后又跑掉，跳到另外一个念头上。所以，针对我们心的这种习性，我们通过两种方式来进行调伏：其中一种，就是通过始终专注在一个东西上。比如呼吸。每当我们觉察到心跟着别的念头跑掉了，马上回到呼吸上。跑掉—回来—跑掉—回来……

而另一种呢，就是我们只是坐着，全方位地觉察，没有选择地觉知。每当我们觉察到心开始“聚焦”在某个念头上的时候，立刻放掉这个聚焦，重新全方位地觉察。聚焦—放掉—聚焦—放掉……当然，这两种都是可以的，也都同样不容易。今天我们主要讨论后一种。

03

我先拿我自己站桩的时候的感受来举例子。平常，我们的注意力总是聚焦在某一个东西上。比如，我在看手机，或者看书，或者弹琴，或者听音乐，或者胡思乱想……当我在看书的时候，虽然旁边放着音乐，但其实这个音乐是模糊的，这个模糊程度，因我看书的专注程度而不同。如果我比较专注，可能这个声音就像一个背景音，有点声响，我并不清晰这个声音的具体的细节；而如果我非常专注，甚至可能觉察不到有声音；而当我回来仔细听声音的细节，马上发现已经模糊了正在看的书上的内容……

而当我站桩或者打坐的时候，我用这种无焦点觉察的方法的时候，慢慢地，我们的心，我们的觉察逐渐敏锐起来，好像我们的五感的感应能力忽然放大了。慢慢地，我可以听见冰箱低频的电流声，然后听到楼上楼下椅子挪动的声音，很远处建筑工地上搅拌机的声音，屋外很远地方草丛里的虫鸣，不同的虫子叫声也各有不同……这些声音，我们平常在玩手机、看书、胡思乱想的时候，是听不见的。而且慢慢地，我们可以听到身体里的声音，肚子里咕咕的声音，耳朵里的轻响，细微的呼吸的声音，骨节的轻微响动……这些声音，我们平常也是注意不到听不到的。然后，慢慢地，我们可以感受到身上最细微的疼痛，冷或者暖，胀痛，麻，痒，涩，滑……

总之，我们的感官忽然非常敏锐，之前不被我们注意到的听觉、触觉、味觉开始变得精微而细致。这些听到的几十上百种声音，很多的身体的感受、味道等，它们同时呈现。这在平时是不可能的，因为我们平常的那种散乱，我们的“心意识/注意力”被某些具体的东西牵引，无法安静地感知，我们的感知非常粗钝。但是当我们的心，尝试去“聚焦”在某一个声音或感受上的时候，其他的“呈现”便渐渐地弱下去，直到“消失”。这就是初步的：一念不生全体现，六根才动被云遮。

我们的觉察，任由一切念头自由呈现，而不尝试去聚焦并解读的时候，当下所有的声音、味道、感受等全部自然地呈现；而当我们的心意识，开始不由自主地聚焦某一个念头，调动其中一种感官去“有为”的作用（比如，去分辨这只在叫的虫子是蟋蟀吗？啊，蟋蟀长那样子真好看，斗蟋蟀真好玩……），我们的其他感官便弱下去，好像被云遮住了一样。

04

但为什么我说这是初步的“一念不生全体现，六根才动被云遮”呢？因为此刻我们还提着那个觉察呢，我们还有一个观者在，它像一个监督者一样，让我们的心，放松地无焦点觉察，一旦我们的心意识聚焦某个念头，它便出来作用，让心意识放开这个念头，继续保持对一切的觉察。那更深入的“一念不生全体现”呢？

当我们无论是观呼吸也好，还是无焦点觉察也好，日久功深，到了某一个瞬间，忽然一下，我们就契入了一个境界：一切自然地呈现，流动。就好像一面干净的镜子一样，如实地照见。没有我与外界的界限；没有觉察者，也无所谓觉察的念头……没有对念头概念的解读，没有对念头关联的想法，没有讨厌喜爱的情绪……如镜照物，如实呈现。但是当我们一生起念头，哎呀这是什么，或者被某个声音打断后，我们便从这个状态滑出。虽然这个状态也只是一个境界，但这个状态很重要，因为在这个状态里，你真正知道什么叫：圣人用心如镜，不将不迎。你真正知道什么叫不评判，真正知道什么叫：正观——正确地观。因为，若没有这个“一念不生全体现”的体验，我们是不会知道什么才叫“如实看见”的。我们以为的如实看见，早就被我们污染掉了。

05

但这个境界，有什么用呢？我们念头一起，它就出来了，好像那些烦恼情绪又出来了。那些大禅师，阿迪亚香缇、秋阳创巴仁波切、宗萨仁波切等常常说，要将禅修带进生活，或者要将生活带入禅修。当我们有这种用心如镜的境界体验后，我们升起正观，终于知道什么叫不带评判地看，如实看见。经由这样反复的练习，我们得以在生活中，也能试着这样看待一切的发生。

刚开始，我们难免被自己暴躁的脾气，自己固着的观念带走，但是慢慢地，我们可以从一些生活中的小的练习开始正观，如是看见。比如，一个人坐在我们面前，身上可能有点难闻的气味。我们平常的习气，可能会因为这点我不喜欢的气味，从而讨厌这个人，从而觉得他面目可憎，说的话都是谎话，他坐在我面前一定有什么目的，甚而这就是一个坏人……但我们有这样的正观的经验，就只是看到一个人坐在我们面前，他身上有一种味道，他在说话，在喝茶，在做一些动作。我们可能升起一些想法，但是这些想法依然被我们所看见，我们并不认为这些想法有益或者有害，这样，我们才能如实地看到一个人。否则，我们大多数时候，看到的都是偏见。

再比如，一个人在愤怒在怒吼，按我们平时的业力习气，条件反射地马上一句话怼过去，和对方吵起来，然后所有的看见都没有了，我们被自己的情绪所裹挟，根本不能自主。而我们有这样的正观的经验，有这样扎实的如实地看见发生的练习，我们可以在对方愤怒怒吼的时候，马上升起这个正观，我们只是看到一个人在愤怒，他在宣泄他的情绪，在用一种激烈的方式表达他的看法……也许我们的功夫还没那么深，对方怒吼我们也怒吼，但这种长久练习的正观功夫是不会白费的，它可能会在我们吼上两句的时候忽然升起——我们看到一个朝我们怒吼宣泄情绪和意见的人，也看到那个被挑起情绪，狂乱的自己……此刻，止得以发生，正观发生。此刻，我们打坐时练习的那种“定”，在此刻产生了，我们如实地看到了当下的情况。当真正的“定”一产生，智慧立即产生——我们得以做出“正确”的行动。

06

慧能大师说：“即定之时慧在定，即慧之时定在慧。”定是慧体，定是慧用，定慧等持。我们因如实看见，而能当下解脱——从那个被挑起，被情绪裹挟狂乱的，非要对着干的自我模式中解脱出来。而真正的智慧是奇妙的，我们用心意识的推测，永远无法判断究竟做何选择才是“正确”的，但我们的选择发生了，准确地说，是智慧自己做出了选择。我们也许忽然哑然失笑，也许继续吼下去，也许默不作声……我们怎么可能知道智慧会做何选择呢？

但若我们不能升起这种正观，不能如实地看到当下发生的，我们的所有选择、所有想法都是错的。因为我们的任何选择，都是业力习气的驱使。无论是受“老子为什么要受这个气”的习气驱使，继续吵下去；还是我们受“哎呀我是个修行人，修行人就不能吵架”的习气驱使，我们马上闭嘴，本质上都是一样的。

所以，我建议大家多去修习正观，因为唯有这种修习，能让我们如实地看见。而只有真正看见了当下发生的，我们才能一次又一次地看到我们的业力习气，那些起心动念才能不断被净化，自净其意才有可能真正发生。否则，都是扬声止响——用一个观念去污染另一个观念，而我们还以为有所得。所以，我们回到今天的主题。当我们说静一静的时候，我们其实在说这种正观——如实地看到当下发生的。但这种正观绝非一时之功，它来自持久不懈的练习。

洁净精微

做一个分享吧。上班的同学认真上班，可以下来看聊天记录。主题是关于：洁净精微——将禅修带入生活。

01

我们最终要将生活带入禅修，或者说将禅修带入生活。否则，我们为什么要打坐，为什么要诵经，为什么要做拜忏，为什么要参加这样那样的禅修活动呢？我们做这些，和我们的生活究竟有什么样的关系？你每天念经，每天打坐，而你的伴侣和家人们并不做这些，他们看你这样做，觉得你奇怪是正常的。如果你的伴侣希望你在临睡前和他说说话，而你说，哦不，今天我的经还没诵呢，我得先诵经。可能他会因此而反感你做这些，反感禅修，反感学佛。

有很多修行的朋友，最终甚至会和伴侣分开，或者痛苦地和伴侣、家人生活在一起。有人说是因为自己的频率和另一半的频率不一样了，自己清净了，而对方还不懂看自己，拼命索取。

02

然而，我想说并不是这样。每天的打坐诵经，并不能直接解决你和伴侣、父母、孩子之间本来存在的问题，甚至，它可能更加地激化，他们会觉得：怎么会学佛、禅修，学得生活不能自理了呢？不愿意见人，不愿意做事了呢？这修行都是修的什么呢？很简单，我们的伴侣、家人并不需要我们的诵经，也并不需要我们的静坐。他们需要我们陪伴他们，在家里做事，一起面对生活中的困难。

修行并没有任何了不起的地方，修行人也不是什么值得骄傲的群体。因为没有任何一个人，需要我们修行，诵经，或者打坐……相反地，我们的修行，如果干扰了别人的生活，或者强迫别人接受，像我们一样，那就是借修行耍流氓。我的意思并不是说，禅修，一个修行人就一定不能离婚，就一定要拼命维持家庭的完整。不是的。我的意思是，静坐、诵经等，这些如果不能应用于我们的生活，不能让我们的生命得以转化，那么，它只是一个逃避问题的手段，没有任何的意义。

03

我相信有很多朋友，正是因为家庭的问题，伴侣的问题，工作的问题，总之这样那样的问题，才开始接触禅修。接触到禅修后，开始静坐、诵经等功课。这些功课我们如何将其运用到生活中呢？我想说，这所有的功课，无论是什么，它只有一个最终的目的，那就是：培养我们的觉察力，培养我们看见的能力。

前段时间，我做了一个分享《当我们说静一静的时候，我们在说什么》，我们核心分享了如何通过静坐，去培养“如实”看到的能力。无论是静坐、站桩、拜忏、诵经，它都是为了让我们的觉察越来越敏锐，越来越能让我们不被我们的情绪所缠绕，让我们得以逐渐跳开“自我中心”去看问题，去看到实际情况究竟是怎么回事。

04

最近一年多来，我逐渐对“洁净精微”一词有很多的领悟。洁净，它的意思并不是说正能量，或者高尚什么的。洁净的意思是：不染不杂。如果我们回忆我们的生活和工作，我们会发现在思考某件事，或者做某件事的时候，不能做得很好。事后回想，并不是因为那件事有多难，有多么复杂，反而是因为我们想得太多了，我们的杂念太多了。

大多数时候，我们所谓的周全考虑，其实只是因为我们的恐惧太多，我们以为可以面面俱到，皆大欢喜——也许可以吧——但那总会失败。它反而不如我们某些时候瞬间的直觉，直心而为，来得更为直接有效。但是很不幸，我们都被污染得太厉害了。我们怎么知道我们自以为的直觉，直心而为，不是莽撞轻率，不是另外的恐惧或欲望的驱使呢？所以我们需要禅修，需要静下心来，“绕过”我们的心智／头脑，去看看到底什么才是真正的“如实”。

而这个禅修的过程，自净其意的过程，让我们得以看清心智的一些把戏，看清我们的那些贪婪、嗔恨和愚痴。经由一次又一次的看清，我们可以在生活中，面对一件事的时候，过滤掉那些“自我”的干扰，直击它的本质。所以，我想说，这才是“洁净”的真意，它的意思是不染不杂。拨开“心智”扭曲的遮障，看到事物正确的、直接的因果。这就是洁净。

05

而精微，则是我们看到事物的细节，一层又一层地在我们的面前展开。让原本粗粝的事物，展现出它精美绝伦、精密无比的部分。就像我们看到一块丑陋的石头，或者一粒平凡无奇的沙子，我们之前，可能看一眼就不愿意再看，觉得太平常了。但经由禅修，经由静坐的训练，我们的觉察力越来越精微，我们能感知事物最细微的震动、最精微的细节。我们得以像在高倍显微镜下看一粒沙一样，看到原本粗糙的生活，粗陋的关系下，蕴藏着的无穷细节。由此，我们渐渐看到美，看到丰盛，看到无限，看到存在的恩典。

精微，并不是幻象。精微是当我们经由禅修，摆脱心智粗陋的、概念化的看待事物的模式，所直接经验到的那鲜活而丰富的东西。长久以来，我们习惯于用概念来定义一切东西，而对于概念的定义，我们又模糊而粗糙。比如：同学，父亲，丈夫，妻子，同事，朋友……我们一想起这些词，就浮现出一个个模糊的面孔；或者看到这些面孔，便想起这些词。然而这些词并不能代表这些活生生的人，而任何关于关系的词，也不能代表鲜活的不断变化的关系本身，一个生命和另一个生命之间，有着无穷的细微的连接。

所以，当我们将禅修带入生活，不再囿于概念，不再束缚于标准，而直接地去感受人、事物、关系的时候，这些人、事物和关系，便会不断地向我们呈现出无穷的细节来。我们发现，我们无法用任何定义、概念和标准，来描述我们正在体验的。然而，我们却分明体验到那正在发生的，无比精微而丰富，无比鲜活而清晰。这就是精微。

06

洁净精微。

当我们在禅修的时候，在静坐的时候，可能较为能体验到那种状况。但，没有生活之外的修行。所以，我们需要把洁净精微带到我们的生活中来。那是一件件琐碎而具体的小事，就像古代的大禅师所言，吃饭，睡觉，砍柴。我们在桌上摆碗筷，有三只装菜的盘子，我们端上来两个，留一个位置给中间的盘子，那个位置刚刚好。我们并没有故意去预留一个位置，也没有计算它的大小，第三个盘子端上来，它放在中间的位置刚刚好……一切看起来自然而顺畅，它并不需要考虑。我们烧水泡茶，打好一壶水，放在炉上煮着，然后拿上茶壶和杯子去清洁，打开一罐茶，把茶叶倒在茶则上，拿出泡它的紫砂壶。正好水开了，我们开始泡茶。烫壶，入茶，注水，洗茶，烫杯子，闻茶香，再注水，出汤……

记得中学的时候学过一篇课文，名叫《统筹方法》，意思是我们可以经由统筹方法的学习，达到最有效率的工作。但那并非我所说的洁净精微，我们并不会在生活中做每件事都去先列出一个计划来。经由禅修，经由“意识”的净化，经由对事物精微的感知，我们可以将这种洁净精微的感受，带入生活之中来。我们不需要任何道理的指导，我们只是做着只是行动，顺其自然而行云流水。就像我们的呼吸一样，就像我们吃饭睡觉一样，并不需要任何理论的指引。

07

这里我要特别说明的是，这种感受并不是专注。专注是排他的，你专注在一件事里的时候，你是排他的。你不能了解周围发生了什么，甚至你都不知道你在做什么——当你知道你正在做的，你已经从专注的状态中出来了。我说的是洁净精微，这种洁净精微，它始终都保持着觉察。并没有任何理论指导你，你也不是一个按照计划执行的机械的程序，然而你的行动自然流畅，如同行云流水。你清明地了知你正在做的事，周遭正在发生的事。你在洗茶壶杯子，你听到屋内的音乐，听到茶炉上的水开了咕嘟咕嘟的声音，听到屋外的车声，看到窗外的阳光，绿树，你感知到水的温度，玻璃杯的光滑，陶壶粗糙的质地……我们同时感知到这些，但是我们却并不是散乱的，反而是非常清明。

嗯，我说，始终保持着觉察，也许用觉照更为合适。所有的觉受，看见的，听见的，触到的……它们同时发生，同时被觉照。就像一间装满东西，挂满东西的房间里的一面镜子一样，清晰地照见。我不知道大家是否曾经有过这样的体验。

08

我想回到最初我所说的，如果我们不能将禅修带入生活，那我们的禅修就只是逃避，和一个中学生不愿意学习，躲在网吧打游戏又有什么区别呢？禅修，应该让我们的生命发生质的改变——从混乱到有序，从浑噩到清明，从抱怨到承担，从自私到看到别人……而只有我们自己的生命发生了质的改变，才有那么一点点可能，进而改变身边的人。我说改变身边的人，并不是我们去改变他，而是他自己会发生改变。因为我们生命质量的改变，被他所照见。因为，我们每一个人，互为镜子。

《周易》：观天、观地、观自己

Jenny D：突然发现，一些黏黏糊糊没法突破的事情，静下心来思路理清楚了，搞明白了自己，基本上差不多就解脱了。我理解所谓“去黏解缚”差不多就是这个意思吧。

吕波：“去黏解缚”比你说的这个要深刻得多。你说的这个，本质上是——理乱麻。而去黏解缚呢，更多的是独立出来看，不被事、情绪等裹挟。

Jenny D：比如，可以举个例子吗?

吕波：正好接着上午你的问题，今晚我做一个分享。从《周易》观卦六爻，来略谈一下观的层次问题。

初六：童观，小人无咎，君子吝。

六二：窥观，利女贞。

六三：观我生，进退。

六四：观国之光，利用宾于王。

九五：观我生，君子无咎。

上九：观其生，君子无咎。

首先我要说的是，我对《周易》观卦诸爻的解读，与《周易》本身并无太大关系，我只是借观卦各爻，来分享我自己对佛家“内观”的看法。

有一天我看《周易》观卦，忽然从这六爻中看到了一种内在的逻辑。什么逻辑呢？我发现，这个观卦依次的六爻，正好体现了观卦的层次。而且这个观的层次，还暗合一个人、一个生命成长、进入内观、再进入大乘观的层次和次第。具体怎么说呢？让我们先来简要看一看这六爻。

01

初六：童观，小人无咎，君子吝。

你看我们小时候，当我们的智力渐渐开始具备是非判断的时候，我们看问题看一个事情，总是想黑白分明的。比如我们看电视看电影，总会不停地问：妈妈这个是好人吗？爸爸，那个是坏人吗？妈妈，这样做是不对的对不对？这就是小人，小人儿，孩子，童子的观。这里它只是借助儿童这样一个形象，来指出一种看问题的倾向。你看我们很多人，是非黑白分明。可能有些人年龄已经很大了，但是看问题和一个小孩子没什么区别，简单粗暴地二分，看不到也不愿意去看人、事之中复杂、隐秘、幽微的部分。

前段时间武志红出的那本书《巨婴国》，虽然因炒作概念后来被下架了，但是你去看那些骂他的人，其实很多就是这样的人——小人之见。这里说小人之见，其实有点类似于佛家所谓的：断见。这个世界就是有，这个世界就是空，这些看法，都是简单粗暴的断见。因为，如果我们对人生有了丰富的感知，对于事情的前因后果，对于每个人有了深切的体察，我们会超越这种断见——这个人怎么做出这种事情来？事情怎么会这样？天下最坏的就是 ×× 人，这些人都不配活在地球上。上帝不是爱世人吗？为什么还有战争和屠杀？等等。我们会发现每个人之所以做出那样的举动，都有其非常深远的原因。各种各样的千千万万的因缘，让他在那一刻做出那样的选择，做出那样的事来。甚至到最后，我们会看到有些人，我们可能痛恨、可能讨厌，甚至这个人就伤害了我们，但是我们可以看到——如果我是他，我也会做同样的事。这是第一种，像小孩一样看问题。

02

六二：窥观，利女贞。

这个比喻非常的形象，窥观——从门缝里看。古代的女人，一般不出门不见陌生人，躲在后堂里看，从门缝里看。这个比喻是说的偏见，很像佛家的边见。因为我们不能拥有更全面的视角，所以对一件事的看法，呈现出偏激的看法。这种情况和童观有一点相像，但又有不同。童观着眼在短浅，着眼在认知的局限；而窥观，着眼在自己所站立的角度。

记得以前有一个案子，是强奸罪的案子。审判那个案子的大法官是女性，当时在量刑上，好像采取了上限量刑，就有律师提出，因为法官是女性，对这种事持有固定的成见，所以量刑过重。我们说偏见，偏见不是只有女性才有的。它只是一个比喻，比喻我们很难超越自己的角色来看人和事物。比如一个祖传秘方做狗肉很好的厨师，和一个爱狗人士，他们对于狗的看法是针锋相对的；比如男人和女人对于出轨这件事的看法，是大大的不同的。几乎，我们每个人都存在偏见，只是我们每个人偏见的地方不一样罢了。甚至，以前有一句话，叫：所谓观点，就是偏见。

03

六三：观我生，进退。

当我们能够超越小孩子的那种短浅的看问题，又能时刻警惕因为自己的各种角色带来的偏见，这个时候呢，如果我们福德具足，会出现一个“空间”。我们可以看到“我”，这样一个反应机制，或者叫作反应模式。我们选择，我们进退的反应模式。简单地说，就是我们知道自己在想什么、自己在说什么、自己在做什么。而且，渐渐地深入，我们也知道我们为什么这么想、为什么这样说、为什么这样做。这个时候非常关键，也就是说，我们终于可以脱开自己来看自己了。我们可以把自己，当作一个“客观”

的对象来看，而不是一直被它所裹挟，一直被我们的那些观点、那些情绪所绑架，完全无意识地说话做事。当我们这样来看自己，渐渐地，我们就可以看到，所谓的这个“我”其实只是一个机制，一个缘起。也就是说，我们会发现，这个我，其实并不具有一个不灭的真实的主体，它只是各个因缘的聚合。

一方面，它是血肉骨头黏液脓血分子原子的聚合；另一方面，它只是一些观念的聚合。这些观念遇到外境时，会产生出一些条件反射式的反应。我们是这些反应的组合。但是这一步是至关重要的，它是一切一切的开始，它是光初步透出来的地方。当我们懂得这样去看自己，当那个光照进来，它就会越来越亮，我们就永远无法再回到那样完全无法看到自己，完全无明的状态之中。但是呢，这个对自己选择，对自己进退的看，会越来越深入，也会越来越残酷。因为真正的看见，会带来舍弃——这是必然的。而我们越来越深入地看，会越来越深入地看到那些我们不舍的，我们执着的东西，那是很痛苦的事情。所以，真正面对自己是十分痛苦的。这也是我们以前逃避，或者一辈子逃避，甚至逃避进不堪的人生境遇之中，也不愿意真正看自己的原因。

04

六四：观国之光，利用宾于王。

国是指什么呢？粗略地讲，天地之间。老子说：“域中有四大，王居其一焉。”哪四大呢？道、天、地、王。这个看起来很高深，其实它很平实。当我们终于可以跳开自己来看到自己，到了很深入的程度，我们必然会看到道统——看到那个伟大的法流。看到天地万物正确的因果，从而也能看到别人，看到众生。这个看到，不是那种短浅的看，也不是那种带有偏见的看，而是终于可以看到事物本来的样子。但是呢，这个时候，我们的习气，我们自己固着的那些断见和边见，还常常跑出来干扰我们，所以我们的这种观还不稳定。就像古代的那些开悟的禅师，往往有一个非常长的时间，几年十几年，在这个时间里，他会待在他师父的身边，待在一个"成熟"的大禅师身边，不断地磨炼自己。所以，这个时候，他还不能完全地独自做事情，他需要一个导师，需要如切如磋、如琢如磨地打磨这个观。

古代的"王"，这个词，并不是我们今天所理解的皇帝。你看这个"王"字，三横一竖。三横代表的是天地人，中间一竖代表的是贯通。所以古代的王，是贯通天地人的。李守力先生考证，古代的王和巫，都是指这种能够寂然不动，感而遂通的得道之人。这个时候，我们终于可以看到世界的丰富，看到人性的多面性，看到事物的正确的因果，但因为习气和业力的惯性，我们的这种观还不够稳定，所以需要待在这样的一位导师身边，不断锤炼，不断琢磨。

05

九五：观我生，君子无咎。

这个时候，就是真正的大乘观了。他可以看到自己，也可以看到别人，还能看到天地万物。他既了知事物本来的空性，也能了知事物正确的因果。因此，他能够顺遂事物发展的大势而为，他能够顺遂众生，因此，他能够“无咎”。这是一个行大乘菩萨道的人，他完全地了知“自我”的虚妄，同时其心智也极度地成熟。因此他可以看到隐微的法流，观到万事万物的变化与发展的趋势。正如老子所说，这样的人，他能在万物并作之中，观到事物的本来的样子，因此而能知常道，不妄作。知常，故不妄作；不妄作，故无咎。

06

上九：观其生，君子无咎。

这一爻，是观卦的最后一爻。按说，这是观之大成之象。我们发现，在这里，“我”不见了，变成了“其”。从观我生，变成了观其生。这个时候的观，已经非常非常圆熟了。如果我们通俗地说，就是观察者、观察对象不二的境界。观察者即观察对象，观察对象即观察者。但是呢，为什么这里还是说君子无咎？因为这个“观”还存在。

《圆觉经》里有一句话非常好：“善男子，有照有觉，俱名障碍，是故菩萨常觉不住，照与照者同时寂灭。”最终，观察者是要被“消灭”的。因为观察者是一个最基本的分裂——虽然这是一个必然也是一个必需。在完全任运自然的境界里，菩萨常觉不住，照与照者同时寂灭。也就是说，根本上，观是不存在的。或者说，观，本身就是一个念。而念觉不二，唯有存在的空性和明性自然地“流动”。这个部分就不多分享了。

07

今晚的分享，我们想对于我们这样的凡夫来说，前三爻才是重要的。我们首先能看到我们的短视，看到我们固着于那些非此即彼的观点；然后看到我们对待万事万物，对待人，总是很难跳出我们所处的位置、我们的角色和身份；然后我们终于可以跳出自己来看自己；然后在这上面不断地下功夫，让这个观不断地深入，不断地看到我们更隐微的“自我”。那就非常非常好了，起码，我们可以让光不断地透进来。渐渐地，照亮我们那因为自私、妒忌、嗔恨、傲慢等杂草充塞而显得狭小的心。终有一日，那光会穿透我们心的边界，自性显发，无边广大——照破山河万朵。

《中庸》：致广大，尽精微

因着机缘，理出了一个话题。这个话题其实之前分享过：致广大，尽精微。

01

先说说这个机缘。

今天下午见了一个三四年没有见的老同事，这哥们儿属于那种极其聪明的人，英国留学，先是在马来西亚做广告，后来在北京做广告。我们2009年做了一年同事，后来他自己创业开了广告公司，现在还在做。今天见面聊起他最近的问题，他属于物质欲望比较重的人，但是人极其聪明，也极其有拼劲，所以事业做得也不错。但是呢，他最近两年越来越觉得不对劲，有强烈的恐惧感不安全感，身体不好，心中焦虑。比如，车停我楼下，就担心会不会被划了；孩子好不容易托关系进了北京很好的学校，又担心住得太远要搬家，孩子学习跟不上怎么办？公司今年赚的好像没有去年多，做事好像也没去年顺利；甚至，他都不敢坐飞机了，很远的地方都坐高铁；他很敏感，甚至看到朋友在朋友圈里发的上市的照片，就能感觉自己瞬间成为那个朋友，感受到公司上市的那种狂喜，那种感受，然后就没兴趣了……总之，就是各种问题，各种焦虑，各种恐惧……但是呢，自己也知道这些问题其实都是表层的问题。问题并不是业务不顺，赚钱不多，飞机失事，孩子上学……问题比这个深层得多，就是一种深层的焦虑。这个焦虑，好像不是解决任何具体问题可以解决的。他也不知道该怎么办，以前对传统文化不感兴趣的人，开始看《黄帝内经》，甚至打算找个寺庙去待一待。他年纪不大，34 岁，好像自己想得到的基本也得到了，那些更多的欲望，好像想一想也就那么回

事。看来，他要开始回头，去看看自己究竟是怎么回事了！

02

人在某个时候，当发现那些外在的获得，总是不能掩盖一个根本不安的时候，总会回头来看看自己到底是怎么回事！其实这就是第一步。创巴仁波切在解读禅宗的《十牛图》的时候，说这个第一步：这是第一步，踏出这一步的动力是你感觉到不对，有什么东西缺失了。这种缺失的感觉让你痛苦。你不顾一切地找寻，想让事情变得对头。你发现，举凡自我试图创建理想环境的努力皆无效。问题总会层出不穷，解决了这个又有下一个，但是那个根本的不安始终在。

但这并不是我今晚要聊的重点，今晚我聊的重点，其实是踏出这第一步以后，我们已经开始在追寻，甚至已经找到一些具体的修行法门之后的事情。我们发现，当我们开始追寻，找到并尝试一些法门以后，某一个阶段，会陷入一个瓶颈。

03

这里面有两种情况：第一种情况，我们可能找到了佛学，皈依了师父，师父教导我们打坐观呼吸。我们从纷繁复杂的俗世里抽身出来，以前忙于工作忙于应酬的，慢慢开始收心回来。工作不像以前那么拼命了，很多事能成就成，不成也不太强求了。应酬，能不去就不去。我们的向外的能量开始慢慢地回收，开始慢慢地感受到平静。我们在家喝茶，看书，打坐。这种宁静越来越深入，我们渐渐地获得一种新的快乐和喜悦，这种快乐和喜悦，好像和之前那种赚到钱，做成一单生意，认识一个关系很广社会地位很高的人所带来的快乐不一样——甚至我们觉得之前那种快乐和喜悦根本不算啥，这才是真的快乐和喜悦呢！慢慢地，我们开始有更为深入的平静体验，甚至慢慢地在打坐中会有各种舒适愉悦的体验。

04

我们越来越沉醉于这种生活方式了——在家看书，打坐，喝茶，修行，和同修一起探讨。慢慢地社会关系也转为和我们差不多的人。甚至出去和之前的朋友都聊不到一块去了，渐渐地关系也变得简单。甚至，我们能清楚地感受到觉知力的提升，观察力加强，能感受到身体和心非常精微的变化。往往，我们的身体会在这个阶段经历一个非常大的变化，我们的心也会经历一个非常大的变化。回收的能量，让我们的身体慢慢地解决之前遗留的问题，慢慢好转；让我们的心，能渐渐分辨什么是对物质的欲望，什么是在意别人的看法，慢慢地回到内在。我们好像在修行这条路上已经走得很顺利了，照此下去，解脱就在不远处等着我们。但是呢，往往，就在这个时候，我们会在这个时候升起一种新的焦虑。

05

这个焦虑是什么呢？就是好像无法再进步了。身体总是在不断地转化，觉察好像也在不断精微，但是呢，一种深层的焦虑却更加地浮现出来。我们好像没什么进步了，我们进入了一个新的轮回。这个轮回看起来和之前那种，赚了钱想赚更多，事业做大了想做得更大的轮回不一样。但是它的本质其实是一样的。这个时候，我们需要的是扩展，需要的是——致广大。它是必然的，当我们的能量收束，朝向精微的层面越来越深入，它会遇到瓶颈，越来越难再深入。我们的能量是汇聚了，但是又难以再深入，这个能量无处可去。就会产生很多问题，比如我们会发现，不修行还好，一修行反而和家人的关系更恶劣。社会上的关系，工作上的关系那些人，我们可以不见，但家人天天面对面啊。我们更敏锐地观察，会越来越多地看到家人的“业力模式”，当然，也看到自己在关系中的不耐烦。

这个时候我们就需要走出去，去见更多人，做一些事情。我们需要展开——把觉知从精微的深度，展开为关系的广度。打个比方，就好像一把钻子，不断地向下钻，我们钻到一定的程度，就会非常非常吃力，哪怕用比之前更大的力，也收效甚微。这个时候，如果我们把钻子上面的东西，周围的东西清除掉，就又能向下钻了。所以，我们需要接触更多的人，需要更多的“镜子”，来松动和对治我们那些隐藏的习气。

06

而另一种状况呢？这种状况其实也很多。我们开始觉得不对，但是我们可能是那种怀疑心特别重的人。我们一开始，会比较各种法门，会去接触各种不同的学说，认识不同的高人，参加各种不同的课程，修行各种不同的法门——但一个法门也未深入过。基督教也接触接触，佛学也接触接触，身心灵的课程也参加参加，高僧大德也到处见见，各种法会也参加参加，打坐观呼吸也练练，站桩也站站，拜忏也拜拜……《道德经》也读读，《金刚经》也读读，《当下的力量》也看看，《正见》也看看，《人间是剧场》也看看，“喜马拉雅”上的各种讲解也听听……

我们刚一听到什么道理，就忙于把它拿来指导生活，指导修行，看看能不能解决自己的那个不安和焦虑。刚一练习某种法门几天，就开始总结分享经验，开始觉得不适合自己就抛弃了。一开始，我们好像也能解决一点问题。我们听了某个大师的开示，哇，茅塞顿开的感觉，好像事儿都不是事儿了；明天练了一下打坐，好像一下就体验到不生不灭的觉知了，就是这个无疑了；后天一听电台某个法师的讲课，对呀，禅不是修出来的嘛，还修什么修？一开始，这些开示，这些法门就像一颗一颗的药丸，好像我们有什么问题，吃一颗就好了。我们懂得了很多道理，了解了很多的哲学流派，很多的宗教法门，认识了很多大师老师，但是那个深层的不安，虽然片刻被掩盖，但是总会再次浮现。

07

甚至，有些人的致广大，比我所分享的这种极端的情况要真诚得多，也要宽广得多。我们会去看历史，深入经藏，做非常深入的比较和思考。我们感觉我们已经非常非常通透了，对于世间的事情、执着也非常少。我们解决了世间的大部分问题，欲望的恐惧的，我们非常清楚地看到了业力的运行模式，非常清楚地看到依靠外在的获得不能解决内心的问题。我们甚至知道人生是没有意义的，但每个人都可以为他自己的人生赋予意义；我们知道我们赚更多的钱，满足了物质的欲望会有新的欲望升起；我们知道生活中的问题永远会有，解决就是了，解决了又会有新的问题；我们生活中遇到的所有问题，我们都有一套道理来应对它，而且是那么“正确”的道理，它来自经典来自大师的开示。但是，我们依然无法停止追逐的心，反而那个深层的焦虑愈来愈凸显。

这个时候，我们需要的是把能量收束，深入——尽精微。择一个法门，一门深入下去。就好像刚才我们说的那个钻子，它这里钻钻那里钻钻，可能有的地方钻得深有的地方钻得浅。我们回头一看，我们刨了一个很大的坑，但是却不够深入——那智慧的甘泉依然还没有影儿。

08

《中庸》里说：“致广大而尽精微。”这其实就是儒家的大法门，我之前也分享过这个话题，但是我之前的分享还是比较浅。“致广大，尽精微”，这六个字可以有非常深入的内涵，也是一个不断交替不断反复的法门，可以说永无止尽。按照佛家有一种说法，说修行的阶段是：小乘—大乘—金刚乘。我们经由小乘的窄道，止观的训练，而训练出绵密的观照的能力；然后进入大乘菩萨道，经由不同的对境，修习六度万行而净化我们的业障和习气；然后进入金刚乘的直接转化。看起来好像是一个一个阶段，但其实更像一个阶梯。正如创巴仁波切所说：“没有经历小乘绵密的观照和戒律的护持，一切都是冰上的城堡。”小乘的绵密观照，是大乘对境破执的基础。尽精微与致广大，只是同一件事情的两面。

绵密的观照，到了一定的程度，必然会带来广大心量。而真正广大的心量，必然会伴随绵密的观照。所以，今晚我的分享，也许可以提醒大家去看一看自己，究竟属于哪一种情况。如果我们现在感觉进步不错，不断在深入或者扩展，那可以继续现在的方法。但如果我们感觉修行毫无进展，或者说遇到了瓶颈，也许我们可以对照一下，自己究竟属于哪种情况。或有助益。

这个世上只有一种病，叫无明

当我消失于相同的大海
却发现每一滴水都不同
——摘自《波纹》

01

看不下去了，这几天朋友圈、微信群被《我不是药神》各种刷屏，这么多蹭热点谈感想的，没一个有点儿深度的。我真得找个时间分享一下“药神”，这是逼得我蹭热点呀。然后呢？和我有何关系？我该怎么办？都是别人的错？药厂西医？有关部门？我就一点儿问题没有？反求诸己。大家可以思考一下，我们有什么问题？我们可以怎么做？医疗、教育、住房，号称“三座大山”，我们去看看背后到底是什么？如果只在“都是万恶的资本主义”“都是体制困境”层面探讨，于我们，只是泄愤之事罢了。要探讨，就探讨点真东西出来，否则何苦浪费时间。

嗯，我先理一理。想说的东西好像比较多，比较杂。容我理一理，看能否简洁地说清楚我想说的。唉，算了不管了，乱就乱吧。反正我相信也总有人能从我乱七八糟的表达里，看到一点有价值的东西。老子、佛陀，历代圣贤，说得那么清楚，我们不也一样是“颠倒众生”？好，开始分享吧！

02

《我不是药神》这部电影，我4号看的点映，因为我住的地方附近的电影院正好是一个点映点。也是因为冲媒体轰炸，豆瓣高分去的。看了后，我知道它会成为现象级的电影，因为它触动了国人、社会的一些真实的痛点。但是讲真，我觉得豆瓣9分，高了。我个人觉得7.8分合适，是值得推荐去看的国产电影。如果电影里，能够不把药厂作为一个“反派”，把药厂的研发、营销、在各个国家的政治环境等“困境”也讲出来。可以再多给5分。

每个人，每个组织都把自己的难处、困境讲出来、摆出来，这样矛盾才更为立体，引人深思，也才可能真正找到破局之处。比如这部电影，如果我们把这些都看到了，思考点就会从强行管制药厂价格，将高价药纳入医保等解决方案里跳出来——也许靠特效药治疗疾病的方法，本身方向就是错的。至少不是人类最好的治疗方案。

有没有别的更好的办法？甚至，药一治一病，这个我们很底层的思维模式，本身就是错的呢？否则，都是药厂的错，那是多简单粗暴的“泄愤点”啊！一部好的电影，不是简单的善恶是非，而应该是突出人性的困境，或者人类共同面临的困境。

03

好了，关于电影本身，就说到这里。接下来，我想说一些别的。不知道大家是否发现，我们在生活中，有很多的“必须”。比如，得了慢粒白血病，就必须服用格列宁，还必须终生服用；得了糖尿病高血压，就应该服用某药，必须终生服用；一个学生就必须考一个好大学，不是清华北大，就必须 211 ；大学毕业就必须谈恋爱，谈了恋爱就必须结婚，结婚了就必须生小孩；要结婚就必须买房……我们活在一堆的“必须”里。

当然，这样的“必须”的形成，和我们长期所接受的教育、知识、主流媒体的宣传、大家的共同意识等有关。但是，怎么办呢？我们就生活在这样的社会，就生活在这样的时代。所以，我想说的并不是这些，社会由一个一个的个体所组成，就像那句话说的：“没有一片雪花，觉得应该由自己为雪崩负责。”所以，我想说的是，更重要的是我们自己的反思。我们真正思考过，我们为什么会受这些“必须”所绑架、所裹挟吗？

04

如果我们真正反思，我们会发现：之所以我们被各种“必须”所绑架，无不与我们自己的懦弱、恐惧、欲望、懒惰等有关。唉，我也不想嫁给我老公，但家里人天天催，得，过得去就行了吧。况且三十好几的人了，还不结婚，别人怎么看？唉，买房是压力大啊，每个月工资还了房贷所剩无几，连休假好好看本书都没时间。但是不买房，没安全感啊，总觉得有房才有家的感觉，况且没房谁嫁给你？唉，你看，这个病，人家都是这样医治的呀，人家是大医院，专家。你说我不找三甲大医院，找谁去？唉，你看，爸爸虽然年纪大了，这个病也严重，但肯定还是要抢救啊！ICU得上啊，管得插啊，我也知道他痛苦啊，就算他不想抢救我也要抢救啊，不然别人怎么看我？

我们是不是一直活在这样的“无奈”之中？如果我们深刻地反思，我们在这样的“无奈”里，会看到什么？是不是刚才我们说的那些东西——懦弱、恐惧、欲望、懒惰……也许你会反驳，社会在分工，我们必须依赖别的专业人士，医学是专业的，我不可能成为医生，你说我不依赖医生、专家、大医院，我依赖谁去呢？嗯，看起来很有道理。但是，在这里，我想说的是，关于生命，关于自己的身体，我们可能还真不能这样依赖所谓的“现代医学”，当然也不能依赖所谓的“中医”。我的意思并非说现代医学不好，也不是说中医不好，跟这个没有关系。

我想说的是，生命必须自己负责。如果我们自己都不能为我们的生命负责，我们也休想任何个人、组织、机构、国家为我们的生命负责。我想说的是，我们应该反思的是：必须。是不是只能这样？

05

我记得前几天，希彦老师的“希彦馆”公众号，转发了一位“癌症晚期”病人讲述自己“医”好自己病的文章。大意是说，一位女士，得了癌症，医院已经宣判了死刑。然后她开始从大医院、专家、特效药、放化疗的“必须”中反思。她居然从心理、情绪上入手，然后结合饮食、运动和一些其他治疗方式，让自己重新“活”了过来。我这里用“活”，不仅仅指她身体健康状况的好转，而是指她的生命开始真正“活”了过来，她真正重新开始为自己的生命负责，重新与自己的身、心建立了连接。而不仅仅是在一堆“必须”里，焦虑地死去。所以，从这样的角度来看，很多人肉体还活着，但在一堆焦虑、恐惧、自私、懦弱、懒惰和必须里，生命早就“死”了。用一个难听的词来形容：行尸走肉。

那是不是，我们每个人，都必须像那位女士一样，非要等到死亡明确地逼近，才能绝地求生，开始反思我们生活中这样那样的“必须”？不是的。生命最重要的是：自觉。苏格拉底说过：没有反思的人生是不值得过的。这个反思，对生命整体的反思，就是自觉的过程。

06.

《我不是药神》里，那个卖假药的张长林说过一句话：世上只有一种病，穷病。不是这样的，贫穷没有任何问题——颜回穷不穷？回也不改其乐。孔子困郑卫，绝粮陈蔡的时候穷不穷？孔子弦歌不辍。《庄子》里那些人身患重病快要死了，身体上痛苦不痛苦？但是却依然和朋友一起唱歌，一起讨论死了是变成螳螂的臂膀还是其他……反观现在的很多富人，他们的烦恼和痛苦，一点不比我们少，甚至更多。甚至，正因为他们有钱，反而因为钱多而自取死路——君不见，有多少种慢性病甚至“绝症”都是钱多“吃”出来的，都是钱多“造”出来的？

我听过一个故事，讲一个老高干感冒了，去高干医院看病。正好大夫是他的后辈还是邻居，这位大夫说，叔叔，你这没什么事，你就回去多休息，多喝水就好了。结果这位老高干，觉得自己没有被重视，生气了，打电话给自己的旧部下，旧部下是个大官，立马打电话给医院领导，医院领导立马非常“重视”，安排高级病房，一堆高级药品、高级仪器用上，结果，15 天之后，这个老干部就“抢救”死了。后来，这位老干部的妻子来医院给丈夫料理后事，遇到这位后辈医生，医生说：“阿姨，你说要是叔叔当初听我的，就回家休息，喝喝水，至于今天这样吗？”

07

这个世上只有一种病，叫：无明。并不是说，我们每个人都要像佛陀一样，像老子一样，像慧能大师一样，才有可能活得正常一点。没那么高的要求。而是说，当我们开始反思我们的那些“必须”的时候，我们会发现生命一个基本的面向：开放。“必须”，让生命越来越狭窄。

开放，让生命具备更多的可能。开放，意味着我们必须挑战我们固有的一些习惯，认识和经验；意味着我们要正视我们生命中的那些懦弱、恐惧、懒惰、自私……意味着我们必须自己为自己的生命负责；意味着我们必须不断走出自己的舒适区。开放，意味着必须开始反思，那些既定的观念和行为模式。

这个世上只有一种病，叫：无明。除了我们自己愿意，没有任何人能将我们带出无明。但只要我们愿意，就一定能走出无明。

08

记得以前曾有一部纪录片，好像叫《高考》。讲的好像是安徽的一个偏僻的县城，很多高考失利的高中生，都去那里复读，然后家长都跟去陪读。租房的，吃饭的，卖模拟题的……居然形成了小县城具有中国特色的一大产业。每个教室前面都贴着高考时间倒计时，临到高考前夕，全县城的人都出动，打出各种横幅，整个纪录片，呈现出一种“壮士一去兮不复还”的悲壮感。

我看的感觉像是伟人出殡……那部片子和《药神》倒是也有几分相似，博足了眼球。但是，其实，我倒是希望各位导演们，是不是可以把你们的视角转移一下？更开放一点？多跟拍一些别的东西？比如，没有参加高考，也有一技之长，活得内心平静，幸福而滋润的人？那些患了癌症，但并不必须放化疗吃高价特效药，依然活得还有质量的病人？那些没有必须买房，没有在适婚年龄必须结婚，没有必须生娃，没有必须有钱有地位，依然自得其乐的生命个体……给我们这些升斗小民，这些一辈子活在各种“必须”里，生命越来越狭窄的人，也照进一丝光亮？

09

我父亲是医生，大约二十多年前，我们村里有一个 60 岁左右的老人，脸上长了一个恶疮，流脓流血不止。他来找我父亲看病，我父亲研判后，认为是“癌症”，叫他去大医院复查。他去了我们市医院做了切片，果然是癌症。医生的建议我忘记了，反正需要一大笔钱，而且还不一定好。老头儿家穷，一甩挑子，管他，要死要活听天由命。不管了，回来该干吗干吗。结果这老头儿居然自己好了，后来又活了几十年。

大约前年，我父亲刚学了希彦老师的《道鉴伤寒论》那阵，我小叔家的小女儿生病了，看起来好像很重。先是在县医院，然后县医院说治不了，让转院。我父亲说，要不让他试试，但是我小叔夫妻不敢。他们还是转到了市医院，医生给出了治疗方案。

我小叔先是打电话咨询了我堂兄，我堂兄是重庆医科大学毕业的，但是学的是药学，堂兄听了治疗方案后，说治疗方案没有问题，就是这样治的。后来就在市医院治疗。好在我堂妹命不该绝，总算从医院活着回来了。但是，后来我回家，我爸爸既心痛又无奈地给我说："我看到梅娃子黄瘦成那个样子，鬼门关回来的样，心里硬是好痛哦！但是他们又不相信我，我有啥子办法呢？"这还是自己家里的人。能怎么办呢？市医院的医生有坏心，存心对我堂妹不利吗？我堂兄不关心我堂妹吗？那些医院的医生都纯粹是为了钱吗？药厂开发药都只是为了钱吗？有关部门都只是推卸责任吗？……

10

以恶意揣度人心，总是最容易的；泄愤，总是最容易的；推卸责任，总是最容易的。但是，那些医生，研究人员，公务人员，哪一个不是像我们一样活生生的人？谁就是天生的坏人？谁就是泯灭人性的坏人？我们就生活在这样的时代，生活在这样的环境，如果我们不自己对自己的生命完全地负起责任，我们能指望谁呢？毕竟，任何人都不能代替我们哪怕活一秒钟。

这个世上，当然有坏人，也当然有骗子，也有唯利是图的人，但是如果我们自己内心没有恐惧，我们自己没有贪欲，我们自己不懦弱……我们自己能对自己的想法、语言和行为负起完全的责任，起码，我们可以自如自在地活在这个"五浊恶世"。当我们对自己的生命负起完全的责任，我们坚守自己的“道”，虽然还是会生病，还是会死亡，但起码，我们已经开始远离那些没必要的恐惧和焦虑。

今天差不多就分享这些，很杂，我不知道我是否说清楚了，也不知道大家如何理解。世上只有一种病，叫：无明。而，生死，是最大的无明。

让上帝的归上帝，

让恺撒的归恺撒。

以下是群内部分讨论：

顾自己：没有反思，就没有正见；没有正见，就没有福报。命都是自己挣的，共业中能够挣脱出来的，都是有智慧的人，而智慧来自向内求、反思、反观。我生病了，就不去医院，被家人逼着去化验有没有癌症！幸亏没有，否则就可能被逼着去医院治疗，除非我逃出家里。然后我就等啊等，等到希彦师出现！自己没点定力，早就被治死了。

吕波：智慧是最大的福报。我已经快20年没体检了，今后也不会去体检。之前，是因为，我觉得干吗要没事找事。现在是，我“知道”我的身体，我了解它，我不需要活在一堆数据里，也不需要活在一个标准里。最近三四年，开始和身体建立了正常的连接，我知道，它在慢慢修复自己。而我只需要尽量顺应它。比如，不吹空调，少吃喝冷冻食品，冬天不开暖气。我越来越知道它了，它的每一次变化是因为什么原因，它的变化是

怎样解决问题。当身体太难受了，受损太厉害，我们会慢慢和身体阻断连接，就是麻木。身心的麻木是一样的。我是亲身体验过从麻木到一点点软化，转化的。花了四年多时间。现在我的筋、腿、肩颈依然还是有很多问题。还在慢慢转化，但我知道它们怎么了，为什么，它们会怎么调整，我需要做些什么或不做些什么。

对了，针对昨天的分享，我再讲两个故事。

故事一：

昨天说到我堂兄，就是我大伯的儿子。他曾是我们家的天才儿童，从小是“学霸”，考试比第二名高好几十分的那种。在他读高二的时候，1996 年，他亲姐姐，在外面打工回来治病，说是肝炎。在县医院医了没多久，重症肝炎转腹水，就去世了。才 21 岁，我们这一辈的大姐。我至今还依稀记得我大姐的模样和说话的样子。这件事对我堂哥打击非常大，成绩迅速下降。在高二的时候，他所有的志愿，全部填的是医学院。我现在回头想，其实我姐姐当时在广东打工，开始只是觉得皮肤发黄，经常头晕。其实就是因为太节约，舍不得吃，有点营养不良。如果回家来静养一段时间，应该就会好。结果去医院一查，乙肝还是丙肝还是什么的，吓到了，赶紧治疗啊，结果就治疗成了重症肝炎转腹水，然后就治疗去世了。

说回我堂兄，我堂兄上了重庆医科大学，药学专业，后来还读了博士。现在在一家市医院的药房里工作。我至今还记得，那年暑假他回家，我看他笔记本上满满的分子式，好高端的样子。听他给我讲，青霉素如何穿透金黄色葡萄球菌的细胞壁，杀死细菌；听他讲枇杷止咳糖浆之所以能镇咳，是因为枇杷叶里的小叶榕，可以止咳，人参里含有人参皂苷……那时候一听，高科技啊，中医一点戏都没有了。难怪鲁迅去日本学医后，说中医是有意或无意的骗子。

我这里不是说西医/现代医学好还是不好。大家要知道现代科学/医学建立的基础以及它的研究方法。人家在那套细分化，微观化，实验室的体系之内，就是这样做研究啊。我们觉得他们医学方式太片面粗暴，人家还觉得你的医学方式匪夷所思呢。简直就近于巫术了——当然，中医本来也跟“巫术”有很大关系，我们不了解巫术罢了。所以，我昨天才说——让上帝的归上帝，让恺撒的归恺撒。

故事二：

这个故事是我在刘希彦老师课堂上，听希彦老师讲的。说他老家有个农民大叔，被医院劝退，家人抬回来等死了。因为医院拒收了，说他没救了，就别占着床位了，回去想吃点啥吃点啥吧……希彦老师就说，那要不你让我帮你看看试试？他们也不知道希彦老师会看病，但是反正死马当活马医，那就试试呗。就带着怀疑的态度给看看，开了几服药吃。然后，有一天，希彦老师忽然看见这大叔，在山上砍了一棵树，拖着下山。就问他：你这干吗呢？病好了？就上山干活了？大叔高兴地说：我现在这个情况，医院说可以收我了，我砍几棵树卖了换医药费。在医院治疗得宣判了死刑，拒收了，抬着回来了。被希彦老师治得可以上山砍树卖了。人家要继续去医院治疗。所以我昨天说——让上帝的归上帝，让恺撒的归恺撒。

图书在版编目（CIP）数据

成为自己的光 / 吕波 著 . —北京：东方出版社，2019.9
ISBN 978-7-5207-0616-2

Ⅰ. ①成…　Ⅱ. ①吕…　Ⅲ. ①哲学—中国—通俗读物　Ⅳ. ① B2-49

中国版本图书馆 CIP 数据核字（2018）第 227579 号

成为自己的光
（CHENGWEI ZIJI DE GUANG）

作　　者：吕　波
责任编辑：王梦楠　杨　灿
出　　版：东方出版社
发　　行：人民东方出版传媒有限公司
地　　址：北京市朝阳区西坝河北里 51 号
邮　　编：100028
印　　刷：北京市大兴县新魏印刷厂
版　　次：2019 年 9 月第 1 版
印　　次：2019 年 9 月第 1 次印刷
开　　本：880 毫米 ×1230 毫米　1/32
印　　张：11.75
字　　数：186 千字
书　　号：ISBN 978-7-5207-0616-2
定　　价：48.00 元
发行电话：（010）85924663　85924644　85924641